中国石窟艺术

GROTTO ART OF CHINA

麥積山

花平宁 魏文斌 主编

江苏凤凰美术出版社

花平宁，男，1957年生，河南孟县人，麦积山石窟艺术研究所所长，副研究员，主要从事文物摄影工作，为甘肃省摄影家协会会员、理事、中国摄影家协会会员。自1974年从事文物摄影及艺术摄影至今。1986年摄影作品《弟子》获全国文物摄影艺术展一等奖。承担《中国石窟·天水麦积山》、《中国美术全集雕塑编·麦积山石窟雕塑》、《中国麦积山石窟展》等大型图录的摄影工作。主编《麦积山石窟环境与保护调查报告书》等。主持并完成了2009年度国家文物局科技保护科研课题《麦积山石窟数字化技术应用研究》。

魏文斌，男，1965年生，甘肃定西人，兰州大学考古与博物馆学研究所所长，教授，敦煌学研究所博士生导师，甘肃省领军人才。曾先后在甘肃省文物考古研究所、麦积山石窟艺术研究所工作和任职。任甘肃敦煌学会常务理事、甘肃历史学会副秘书长、麦积山石窟研究会副会长。主要从事石窟寺考古与佛教艺术研究。参与编著《炳灵寺一六九窟》、《河陇文化》、《中国音乐文物大系·甘肃卷》等，《天水麦积山石窟研究论文集》的主编，《麦积山石窟研究》、《中国文物地图集·甘肃分册》、《麦积山石窟环境与保护调查报告书》的副主编，出版有个人论著《甘肃佛教石窟考古论集》，在《世界宗教研究》、《考古》、《敦煌研究》、《考古与文物》、《华夏考古》、《中原文物》、《敦煌学辑刊》等刊物上发表论文数十篇。主持2007年度国家社科基金项目《麦积山石窟北朝佛教艺术研究》，主持2012年度教育部基地重大项目《丝绸之路石窟艺术研究（个案）——麦积山石窟研究》等。

中国石窟艺术
GROTTO ART OF CHINA

麦积山

Maiji Mountain

艺术顾问　韩美林

主　　编　花平宁

执行主编　魏文斌

副 主 编　魏文斌　朱毓中

编　　委　花平宁　朱毓中　魏文斌
　　　　　葛庆文　周海歌　毛晓剑

图版编纂　魏文斌

摄　　影　花平宁

撰　　文　魏文斌　董广强　张　铭

英文翻译　马丽霞

麦积山远景

麦积山，又名“麦积崖”，因山形似农家积麦之状得名。山高 142 米，四周群山拱卫，麦积一峰突起，奇特别致。麦积山石窟始凿于十六国后秦，历经北魏、西魏、北周、隋、唐及宋、元、明、清不断的兴建和修缮，洞窟开凿于东、西两崖面及东侧的王子洞，现编号窟龛 221 个，各类造像 17000 余身，壁画千余平方米。因麦积山山体属第三纪沙砾岩，不宜雕凿，塑像以泥塑为主，尤以北朝雕塑保存最多，艺术水平最高，被誉为“北朝雕塑陈列馆”。

目　录

文化遗产麦积山石窟

魏文斌

麦积山石窟是由崖面（崖面遗迹包括洞窟及其造像、壁画、摩崖题刻等）、寺院、舍利塔等其他建筑及馆藏文物、古代文书等组成的综合体文化遗产。

现存洞窟由麦积崖本体和东面的王子洞窟区三部分组成。现编号窟龛221个，西崖142个，东崖56个，王子洞窟区20个，另外，2007年在中区崖根外部塌落的堆积中清理出三个残空窟，分别编号为第219、220、221号。

各时代洞窟内均由造像（包括泥塑和石雕、石胎泥塑）、壁画构成其内容和艺术形式。据统计，现存各类造像3938件10632身，壁画面积约979.54平方米。其中造像多为北朝（北魏、西魏、北周）作品，并反映了北朝各个阶段的造像艺术特点，全面展示了北朝泥塑造像发展演变的过程，被誉为“北朝雕塑陈列馆”。隋唐时期的造像较少，宋代对北朝造像大量重修，多数洞窟都可见宋代重修的痕迹。元明清时期仅对部分洞窟进行重修重绘，并有极少量的泥塑造像。

由于麦积山处于比较潮湿的环境，洞窟内壁画大多脱落，少量洞窟保存壁画。较重要的有北朝晚期的第4、26、27、127、133等窟，其中一些经变画和本生故事画保存相对完整，尤其是第26、27、127、135等窟的大型经变画如西方净土变、维摩变、涅槃变、法华变等是国内石窟现存最早最为完整的大型经变画，对研究中国经变画的发展演变具有十分重要的价值。

洞窟内壁画所反映的北朝建筑、洞窟内部空间建筑结构以及现存的崖面崖阁建筑也是麦积山石窟很重要的内容之一。第4、26、127、140等窟内的壁画中有一些北朝建筑的形象资料。西魏、北周以及隋代等洞窟内部的构造如帐形洞窟多反映了古代室内建筑的形式，如第4、12、15、141等洞窟。而第1、2、3、4、5、28～30、43、49等洞窟外部的崖阁建筑形式是北朝时期的仿木构建筑遗存，是研究北朝建筑的珍贵形象实物资料。

洞窟及崖面碑刻、题刻也是麦积山重要的组成部分，多反映麦积山石窟的营建历史等。第4窟外壁以及东崖第168窟廊道上和崖面上有宋代以后的一些摩崖题刻和碑刻，都是记录麦积山石窟的重要文献资料，如《瑞应寺再藏佛舍利碑》（北宋靖康元年，1126年）、《四川制置使司给田公据碑》（南宋嘉定十五年，1222年）、《麦积山开除常住地粮碑》（明崇祯十五年，1642年）、《秦州天水郡麦积崖佛龛铭并序》（明嘉靖四十三年重刻，1564年）等。

附属于麦积山石窟的寺院建筑和舍利塔等建筑也是构成麦积山整体的重要内容。南宋嘉定十五年（1222年）《四川制置使司给田公据碑》云：“自东晋起迹，敕赐无忧（寺）□□□给田 供瞻，次七

麦积烟雨

麦积山为秦地林泉之冠，“麦积烟雨”为秦州八景之一。遇雨则雾，绕于崖际层巅，洞窟塑像若隐若现，飘渺朦胧，宛若仙境。清代诗人吴西川诗咏《麦积烟雨》：“麦积峰千丈，凭空欲上天。最宜秋后雨，兼爱暮时烟。境胜端由险，梯危若未连。钟声落何处，遥想在层巅。”形象地描绘了麦积山秋雨后的烟雨景象，引人入胜。

图 1　一峰突起的麦积山（魏文斌　摄影）

国重修，敕赐石岩寺，大隋敕赐净念寺，大唐敕赐应乾寺，圣朝大观元年（1107年）……敕改赐瑞应寺。”根据其记载，麦积山的寺院东晋时期始建，称“无忧寺”，北朝时期称“石岩寺”，隋称净念寺，唐为应乾寺，至北宋大观元年（1107年）起称为“瑞应寺”，其名称沿用至今。寺院东晋起迹与其他碑刻文献所载麦积山石窟始凿于姚秦时期大体一致。现存的瑞应寺建筑为明清重修，中轴线上依次为山门、天王殿、大雄宝殿，天王殿两侧有钟鼓楼，再内两侧有厢房。

麦积山山顶的舍利塔为砖结构，清康熙八年（1743年）圆惠和尚等重建，通高9米。其最初可能即是隋文帝仁寿元年（601年）敕建的佛舍利塔。2009年对舍利塔重修，在塔基内发现10余件北朝石雕造像，是麦积山石窟多年来的重要发现。

麦积山石窟历代保存下来的单体文物包括陶器、瓷器、铜器、碑刻、书画、古文书、拓本以及泥塑造像等2450余件，都是研究麦积山石窟必不可少的珍贵资料。其中古代文书1500余件，时代最早的为唐代，大量的为明清时期，除多数为佛教经典外，也有少量的道教、社会文书等，具有极高的史料价值。其中部分已被列入国家珍贵古籍名录。

一、秦地林泉之冠

麦积山，又名麦积崖，位于甘肃省天水市东南45公里秦岭山脉西段北麓，地理坐标北纬34° 21′ 09″，东经106° 00′ 10″，海拔1671.4米，山高142米。由第三纪红色沙砾岩构成。山顶呈棱锥形，其南面与西南面中腰突出，山根凹进。四周环绕香积山、天池坪、豆积山、罗汉崖、小献山、蜂儿崖等大小群山，麦积居中一峰突起，奇特别致（图1）。南宋嘉定十五年（1222年）立《四川制置使司给田公据碑》对麦积山的独特山形有很具体的描述：

伏睹本寺，继传名相，历劫胜因，群山围绕，中间突起一峰，镌凿千龛，现垂万象。上下万仞，中有三泉，文殊、普贤、观音圣水，万民祈祷，无不感应。

《太平广记》卷三百九十七引《玉堂闲话》谈到了“麦积山”名称的由来及其形胜：

麦积山者，北跨清渭，南渐两当，五百里岗峦，麦积处其半。崛起一石块，高百万寻，望之团团，如民间积麦之状，故有此名。其青云之半，峭壁之间，镌石成佛，石龛千室，虽自人力，疑其神功。

因山形酷似农家所积麦垛之状，故名。

麦积山所在的秦岭余脉为长江和黄河两大水系的分水岭，以南为长江之嘉陵江水系，以北为黄河之渭河水系。源于麦积山东南天池坪和南部香积山的永川河，经由麦积山前后北流注入渭水，山前为永川河的一条支流。杜甫《山寺》诗中的“乱水通人过”之“乱水”，即指这条永川河及其支流。

由于地处南北分水岭北侧，因此地理环境具有南北过渡地带的特点，环境优雅，气候宜人，特别适于古代僧人坐禅修行。被誉为秦地林泉之冠，自古被称为秦州八景之一的“麦积烟雨”（图2，图版2）。清代

图2 《直隶秦州新志》中的麦积烟雨图

诗人吴西川曾以秦州十景之一诗咏《麦积烟雨》："麦积峰千丈，凭空欲上天。最宜秋雨后，兼爱暮时烟。境胜端由险，梯危若未连。钟声落何处，遥想在层颠。"《直隶秦州新志》：

麦积山，东南八十里。其山三面壁立，高入云际，头大根缩，形如麦积。岩间有上七佛、中七佛、下七佛，皆凿岩而立。栈道盘旋而上，有千佛、万佛二堂。极高处曰牛儿堂，皆凿洞居之。洞门仅三尺，中有大碑，高六丈余，大木一，长三丈，不知何自入，人异之。牛堂宿雾则雨，人为占候，故曰麦积烟雨。

南宋祝穆《方舆胜览》卷69《天水军》条"山川"之"麦积山"和"寺院"之"瑞应院"言：

在天水县东百里，状如麦积，为秦地林泉之冠。上有姚秦所建寺。杜甫秦州《山寺》诗"麝香眠石竹，鹦鹉啄金桃"即此。山之北曰雕巢谷，又有隗嚣避暑宫，对面瀑布泻出于苍崖之间，亦胜景也。又有魏乙弗后墓。李师中诗曰："路入青松翠霭间，斜阳倒影下溪湾。此中猿鹤休相顾，谢傅东归自有山。"

在麦积山。后秦姚兴凿山而修，千崖万象，转崖为阁，乃秦州胜境。又有隋时塔。杜甫诗："乱石通人过，悬崖置屋牢。"五代王仁裕诗："蹑尽悬崖万仞梯，等闲身与白云齐。檐前下顾群峰小，掌上平分落日低。"

天水地跨长江、黄河两大流域，陇山渭水与西秦岭西汉水环抱，处于甘肃东南部渭河以南陇南山地，山岭崇峻，河谷深陷，森林资源丰富。"山多林木，民以板为室屋。"这也正好为麦积山石窟的开凿提供了丰富可资利用的木材资源，建造洞窟栈道和进行泥塑造像使用了大量的木材。

二、秦州四塞之道关陇重镇

古代秦州具有十分重要的交通地理优势。

天水扼陇坻（又名陇山）之险，临清渭之源，东走宝凤，绾毂关中，南下昭广，藩屏巴蜀，西入河西走廊，是东西、南北交通的咽喉，历来是兵家必争之地。陇坻为隔阂华戎所在，汉世已有"汧陇之阻，西当戎氐"一说。

《汉书·地理志》曰：

天水、陇西，山多林木，民以板为室屋。及安定、北地、上郡、西河，皆迫近戎狄，修习战备，高上气力，以射猎为先。

《魏书》卷三十六《李顺传附焕传》：

……（前略）以荆蛮扰动，敕焕兼散骑常侍慰劳之，降者万余家，除辅国将军梁州刺史。时武兴氐杨集起举兵作逆，令弟集义邀断白马戍。敕假焕西将军，督别将石长乐、统军王祐等与军司苟金养俱讨之，大破集起军。会秦州民吕苟儿反，焕仍令长乐等由麦积崖赴援，属都督元丽至，遂共平之。

北魏宣武帝正始三年（506年），秦州屠各族王智反抗北魏的统治，在秦州发动起义，并推举秦州主簿吕苟儿为主，吕苟儿可能为秦州的氐族大姓，起义军建立年号曰建明，由于北魏派遣以残酷著称的宗室元丽为都督，进行征讨，起义数月后很快失败。李焕跟随元丽参加了征讨这次起义的行动，而且命其别将石长乐等由南面从麦积崖赴援，可见麦积山附近是从陇南向秦州的一条捷径，很快就能抵达秦州。

《魏书·李苗传》：

正光末，二秦反叛，侵及三辅。时承平既久，民不习战。苗以陇兵强悍，且群聚无资，乃上书曰：‘……如今陇东不守，汧军败散，则二秦遂强，三辅危弱，国之右臂，于斯废矣。今且宜勒大将，深沟高垒，坚守勿战。别命偏师精兵数千，出麦积崖以袭其后，则汧岐之下，群妖自散。’于是诏苗为统军，与别将淳于诞俱出梁益，隶行台魏子建。

正光末年的这次秦州叛乱，威胁到了关中，北魏朝廷接受李苗的建议从秦州南面的梁、益二州出兵，从麦积崖以偏师出其不意攻其后路。这次出兵，与正始三年李焕令石长乐由麦积崖赴援平吕苟儿起义所走的路一定是一致的。可见麦积山附近有一条向南的捷径，南可通南面的仇池、梁州（今陕西南郑），并入四川之益州（今四川成都）。

以上北魏从南面的梁州经由麦积崖出兵秦州的两条材料十分重要。麦积山向南一直是山区，很可能是氐族等的聚居区域，尤其是仇池氐，与麦积山很近，氐族早已接受佛教，很可能当时即参与了麦积山的营建。

乾隆二十八年钟兰村《秦州志序》："秦州四塞之道，关西一大都会也，山川灵秀之气，磅礴蜿蜒。"武忱《秦州志序》："秦州其地东扼陇坻，西停天门，形势之胜，隐然关内。而自汉以来，当为用武之地。""关陇之重镇也。"顾祖禹《读史方舆纪要》曰："当关陇之会，介雍梁之间，屹为重镇。"足见秦州在古代丝绸之路上的重要性。

汉唐之际长安通凉州的南道驿程途经天水，即丝绸之路东段南道。大致路线由长安西北行，渡渭水至咸阳，西行经兴平至武功，转而略西北行经扶风、岐山、凤翔入汧阳、陇县，又西南行经甘肃的秦安、清水至天水（或从宝鸡沿渭水西行至天水），天水向西循渭水而上经甘谷、武山、陇西、渭源抵临洮，临洮再向北过兰州、庄浪、古浪到达武威。或由临洮至河州（今甘肃临夏）经凤林关渡黄河到炳灵寺，再向西进入青海经乐都、西宁，然后越大斗拔谷（扁都口）至河西走廊张掖，这条道路在汉晋南北朝时期非常繁荣，也被称为长安——凉州南道，是丝绸之路陇右道的南道。法显西行即走此道。

天水又是南去四川的重镇，自天水南行经今甘肃礼县、西和，再东向经今甘肃成县、徽县（古河池县），转而南下至陕西略阳，然后从广元南向成都。这条线路也是秦蜀之间佛教传播的重要道路。天水向南的入蜀道上，现遗存有西和法镜寺、徽县广佛寺和佛爷崖等北朝石窟。四川广元发现有与麦积山北魏晚期洞窟造像十分相近的佛像。

交通地理位置的重要和优越，也往往是文化交流的重要条件。佛教的传播基本上沿着古代丝绸之路沿线传播，丝绸之路沿线的重要城镇，则很容易接受这种外来文化。古代石窟寺的分布，也遵循这一规律，基本都选择于即适合于佛教徒清静修行又离大的市镇或交通要道不太远的地方开凿，麦积山石窟也符合这样的条件。

三、著名的禅修之地

僧人习禅需有安静的环境。后秦鸠摩罗什译《禅秘要法经》曰："佛告阿难，佛灭度后，佛四部众弟子，若修禅定，求解脱者，如重病人随良医教。当于静处，若冢间，若林树下，若阿练若处，修行甚深诸圣贤道。"

北魏昙曜等译《付法藏因缘传》卷二："常着商那衣，成就五支禅。山岩空谷间，坐禅而龛定，风寒诸勤苦，悉能忍受之。心善得解脱，智慧自庄严。犹如空野象，坦然无忧患。"麦积山的环境正符合以上所言的修禅环境。因此，从5世纪初便成为陇右著名的禅修之地，并进而发展为石窟的开凿胜地。

观像、造像、礼拜、供养都是禅僧修行的重要实践内容。观像主要是观释迦牟尼佛、释迦多宝对坐佛、十方三世诸佛、无量寿佛、四方佛、七佛和弥勒菩萨等。禅僧为了更好地修行，除了观像之外，还大量开窟造像，因为造像不仅可以用来观像，而造像本身又是一种功德行为，造像内容与观像内容相似。礼拜、供养的范围也不出观像之内容。

禅观经典自汉代以来即有很多被不断翻译，东汉时安世高就翻译了《佛说大安般守意经》等禅观类经典，鸠摩罗什在长安翻译了《禅秘要法经》《坐禅三昧经》《菩萨诃色欲法经》《禅法要解》《思惟略要法》《佛说首楞严三昧经》等，东晋佛陀跋陀罗译《佛说观佛三昧海经》、刘宋时昙摩蜜多译《五门禅经要用法》、沮渠京声译《治禅病秘要法》等都是很重要的禅观经典。这些6世纪以前就翻译出来的禅观经典无疑对中国的佛教禅观思想及禅观实践具有很重要的指导作用。

北魏佛教继承姚秦和北凉。姚秦和北凉的佛教都重修禅。姚秦鸠摩罗什精于禅法，并且重视翻译禅经，教授门徒。跟随鸠摩罗什坐禅修行的僧人达千人之多，在其影响下，后秦境内信佛者有十之八九。可见鸠摩罗什佛学及禅法对后秦佛教的影响之大。

甘肃早期大型石窟如莫高窟、炳灵寺、麦积山等的开凿均与禅僧有密切的关系。麦积山从创建时即为禅观胜地。

庾信《秦州天水郡麦积崖佛龛铭并序》曰："麦积崖者，乃陇坻之名山，河西之灵岳，高峰寻云，深谷无量。方之鹫岛，迹遁三禅；譬彼鹤鸣，虚飞六甲。"庾信的文章中，对麦积山石窟所在的环境适宜禅观修行讲得非常到位。麦积山为"秦地林泉之冠"，所处的环境正是适宜修禅的理想之地。

5世纪以来，麦积山吸引了众多的著名禅僧来此禅修。与麦积山关系密切之译经僧人或禅僧应该有鸠摩罗什、浮驮跋陀（佛驮跋陀罗）、玄高、昙弘、玄绍等。其中玄高诸人当最有直接关系。

《高僧传》卷十一《释玄高》详述玄高的禅修历程和境界，其禅法当源自浮驮跋陀（佛驮跋陀罗），其所经历之后秦长安、后秦（或西秦）麦积山、西秦之"山舍"（或今之炳灵寺）、北凉之凉州、北魏之平城都为十六国至北朝禅法盛行之地。

《玄高传》中只字未提关于他开窟造像之事。但他所经历的这些地方都有石窟的开凿，佛教已兴盛。根据文献和现存实物可以确定麦积山开凿于后秦时期、炳灵寺开凿于西秦、天梯山开凿于北凉。从其传中还可看出，玄高禅法修行多灵异之事，是修禅到极高境界的修为，一般人很难达到如此程度。玄高到麦积山时，从其修禅者百余人，并且有在其来之前已有来自长安的禅僧昙弘在此隐居修禅，可见麦积山的禅事早已有之，至玄高时达到极盛。

麦积山第148窟正壁佛背光两侧所绘的树下禅修图，即是裹着禅巾的修行僧人（图3），说明这个洞窟的禅修功能非常明显，进而可知麦积山早期洞窟表现

图 3　第 148 窟正壁原画禅僧图

图 4　第 70 窟禅定印佛像

的强烈禅观思想。第 114、115 窟也可看到壁画的禅修图像。这种禅僧的图像早在犍陀罗的雕刻中就有表现，在中国这种图像普遍存在于北朝时期的石窟或者造像中，如敦煌、云冈、龙门等石窟的壁画或雕刻中。这种禅修图像，本身就意味着该洞窟中对禅观实践的重视。麦积山初期洞窟中的佛像有 50% ~ 80% 以上都作禅定印，相当可观，充分说明这个时期对于禅定的重视，表现了非常明显的禅观意味（图 4）。麦积山初期洞窟的造像题材比较单一，主要有释迦牟尼佛、三世佛、释迦多宝佛、弥勒、千佛等，这些造像内容正是禅观的主要对象。早期洞窟中的第 76、89、115、156 窟等都是面积不大反能容一人安坐的方形洞窟，正适于坐禅、观想、修行。

建造石窟、窟居禅观，配合适宜禅观的一系列造像，共同构成了麦积山石窟的禅观体系。

四、绝壁栈道与北朝崖阁建筑

麦积山崖面的各种大小窟龛和摩崖造像通过纵横交错、上下多达 14 层的栈道相连，其间又点缀多座崖阁，远眺极为壮观，令人叹为观止，堪称古代人类建筑艺术的杰出范例（图版 4）。

麦积山岩壁陡直，部分崖面甚至呈倾斜角，当年开凿的艰辛可想而知。“古记云：六国共修，自平地积薪，

麦积山雪景

至于岩巅，从上镌雕龛室神像，功毕，旋旋拆薪而下，然后梯空架险而上。”《玉堂闲话》的这段描述道出了麦积山石窟洞窟开凿的施工技术，这无疑是中国建筑史值得研究的课题。

对麦积山石窟的开凿，民间有“砍完南山柴，修起麦积崖”的传言，颇反映了麦积山石窟在开凿过程中所用木材的量非常大，这与麦积山所处的秦岭山区相当丰富的木材资源的实际相符合。无独有偶，距麦积山石窟不远与其同处于秦州地域的武山县拉梢寺石窟也有这种关于开凿时使用大量木材的传说。“拉梢”在当地的民间口语中为“拉树枝”之意，至今民间传说中亦还有为建成拉梢寺大佛，曾砍完不少附近山林中的树木，说明当时这两处石窟有着同样的丰富资源即木材。因此，木材是麦积山石窟开凿首先要大量利用的材料。麦积山既为“秦地林泉之冠”，有着很茂密的森林，为麦积山石窟的开凿、栈道的修建以及塑像的制作等提供了可资利用的丰富资源。

《秦州天水郡麦积崖佛龛铭并序》记北周李允信凿七佛龛事，“乃于壁之南崖，梯云凿道，奉为亡父造七佛龛”。这是对北周时期李允信开凿七佛龛的记载，为了开凿七佛龛，从崖面上凿出梯道而上。

《秦州天水郡麦积崖佛龛铭并序》和《玉堂闲话》的记载描述了麦积崖开凿洞窟的一些方法。从其描述中可知，最初在崖面上开凿洞窟是先在平地上累积柴木，似积薪，到达一定高度后，再开凿洞窟，洞窟开凿完成后，逐渐向下拆掉堆积的木头，然后再“梯空架险而上”。这种方法我们今天无法想象其在具体的过程中如何艰险，但在开凿完成后才“梯空架险”，应该就是架设的栈道。这种方法只能适用于崖面较低位置的洞窟，也是最原始简单的方法。而高处的洞窟开凿必不会如此简单。必须是先架设好栈道后在栈道上进行开凿洞窟进而在窟龛内进行塑像和绘制壁画的作业。另外一种就是庾信铭中所讲的“梯云凿道”，这种方法可能是专指为了通达第 4 窟（上七佛阁）而在壁面开凿出梯道，顺着梯道而上，在崖面上凿出前部较宽敞的平台，再进行窟龛的开凿。

栈道的修建在秦汉以来即已很成熟发达，山大沟深的秦岭山区间的交通采用在河崖边修筑栈道的方法，著名的褒斜道、剑阁道、金牛道、陈仓道、古武关道就有栈道相通。褒斜道的修筑方法，如《水经注·沔水》所谓“其阁梁一头入山腹，其一头立柱于水中”。即用横木直插入崖面上所凿的桩孔内，用另外一根木头做立柱，下面立于水中，上面支撑横木。东汉武都太守李翕在距天水不远的今成县西峡修筑栈道，时有摩崖碑刻现存于世，即著名的《西峡颂》（又称黄龙碑）。曾在麦积山修禅的长安高僧昙弘“迁流岷蜀，道洽成都。河南王藉其高名，遣使迎接。弘既闻高被摈，誓欲申其清白。乃不顾栈道之难，冒险从命”。所以麦积山最初开始开凿洞窟时即采用修筑栈道的办法使洞窟之间相连并不是什么难事。

《麦积山勘察团工作日记》对 1953 年勘察团勘察时木工文得权小组架设栈道的方法作了详细的描述，应与古代方法是一样。

吴作人先生执笔撰写的《麦积山勘察团工作报告》中这样写道：

架设栈道工程是难以想象的艰险……文得权、王正明、温怀珠等曾经以一根索和一块板，凭着残留木桩或桩眼，攀登到五六十公尺高的悬崖上，开辟了飞栈的路线。……架栈之法，先以最下栈孔，插入一木，加塞牢固，然后将板一端，缚于木上，再就板之彼端，更插一木。如此凌空递进，将横梁钉稳，敷板整齐，然后装栏架梯，由低而高，危栈数百尺，因而完成。

吴作人先生关于架栈之法的描述，为中央考察团考察麦积山石窟时亲眼所见。当时因为历史上的栈道许多已坏，为了能通达一些洞窟，当地木工按照原来所留栈道孔重新架设栈道。这种方法大致采取了与古代相同的方法，只是省却了重新凿栈孔这一工序。

麦积山最初的洞窟开凿，应该是按照洞窟开凿的次第，逐渐向上向东、西两侧方向架设栈道。

从图 5 和历史上残存的木质栈道照片（图 6）我们可以看出麦积山栈道的架设方法。其步骤可分为以下几步：

第一步，先在崖面凿桩孔，重要部位凿上下两个垂直的桩孔，桩孔方形或长方形，边长一般 0.5 米，深 0.7 米左右。

第二步，根据桩孔大小制作垂直于壁面的长方形木桩即挑梁，一般长 2 米左右。一端略大，插入桩孔中，打入倒楔固定使其牢固。大多部位是在两个桩孔中插入两根挑梁，使其承担栈道全部荷载。上下两根挑梁间用较短的撑柱直立或斜撑。挑梁一般外露 1.5 米左右，间距 1 米~ 4 米不等。

第三步，每两根平行的挑梁之间铺设栈道板，用铁钉固定。挑梁头立望柱（栏杆），柱下榫头插入梁头之卯口中，用铁件固定。望柱高约 1 米。每两根望柱之间连接栏板。

以上即完成了一层栈道。上下两侧栈道间用斜梯栈道连接，由斜梁、踏步板、栏杆组成，斜度一般在 45°左右。

可以看出，这种栈道的建造方法与褒斜道等的栈道修筑方法如出一辙。显然是继承了秦汉以来非常成熟的栈道建造技术。栈道的修建需要大量优质的木材，麦积山地处林区，正好就地取材。

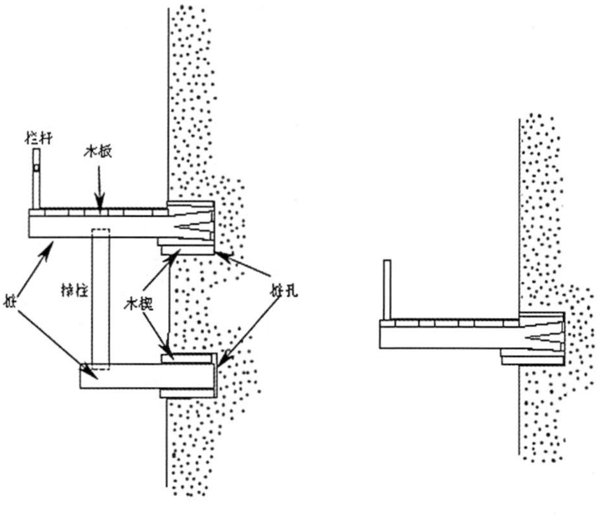

图 5　麦积山栈道建筑方法示意图

图 6　麦积山西崖栈道　20 世纪 50 年代（采自名取洋之助《麦积山石窟》）

由于木质栈道长期暴露在外，容易风化糟朽，更加之易遭火灾，因此，保存至20世纪七八十年代的栈道，历史上曾经过多次的维修更换，远不是最初开凿洞窟时的样子。但历代维修并未改变历史上栈道的走向和位置。虽然现在全部改建为水泥栈道，但基本上保持了历史上的格局，仍然具有很高的研究价值和观赏价值。

崖阁建筑是麦积山石窟的重要建筑形式，现存崖阁建筑有第1、2、3、4、5、28、30、43、49等窟外的石雕立体建筑实体，是研究北朝建筑史的珍贵遗存。现全部集中于麦积山东崖。这些崖阁建筑的年代应始自西魏时期，“大统元年，再修崖阁，重兴寺宇”（麦积山现存《秦州雄武军陇城县第六保瑞应寺再葬佛舍利记》）所言不虚。北周至隋达到鼎盛。

第43窟为西魏文帝乙弗氏的影窟，称“寂陵”。外观作附崖的仿木结构建筑三间，有单檐庑殿顶式殿堂，前檐三间四柱，檐柱内有廊，廊后凿一平面马蹄形穹隆顶敞口大龛。本窟为麦积山石窟中最特殊和最有代表性的西魏崖阁式建筑（图版71）。

第4窟又称散花楼或上七佛阁，北周大都督李允信为其亡父所建的“七佛龛”，北朝文学家庾信为之作铭。大型庑殿顶崖阁，平面呈横长方形。通高16米，通面阔30.48米，通进深8米。上凿单檐庑殿顶，前开七间八柱窟廊，后列七龛。殿顶上部雕正脊，两端有鸱尾，均素平无线脚。屋面雕筒瓦瓦垄。檐柱后开窟廊，廊深4.10米，廊高8.52米。廊顶各间原凿平棋6块，共计42块，现仅残存两稍间6块，余皆塌毁，平棋内绘制壁画。廊后并列七个四角攒尖顶佛帐式大龛。整个建筑气势雄伟壮丽，雕造技艺精湛，在我国现存同类石窟建筑中无出其右者（图版134）。

仿木构的崖阁式建筑洞窟在北朝时期比较流行，如河北响堂山石窟、太原天龙山石窟等，表明各地域间的文化交流和相互影响。仿室内的帐式洞窟的形式也是北朝流行的做法，如宁夏固原须弥山石窟、河北响堂山石窟等，它们之间也存在着极为密切的关系和文化交流现象。麦积山第4窟的崖阁建筑与帐形洞窟相结合，并有平棋，真实地表现了南北朝后期中国佛殿的内外部面貌及结构，在中国古代建筑史研究中占有重要地位。

麦积山各时代不同类型的洞窟内部建筑形制、保存完整的崖阁式外观建筑以及杰出栈道建筑，构成了麦积山石窟建筑的综合组成，成为古代石窟寺建筑的杰出典范。

五、雕塑陈列馆

关于麦积山石窟及其寺院年代的记载，据唐道世《法苑珠林》：“秦州麦积崖佛殿下舍利，山神藏之，此寺周穆王所造，名曰灵安寺，经四十年当有人出。”但此记载不符佛教传入中国的时间，不足信。

比较可靠的记载是《高僧传》卷十一《玄高传》：“高乃杖策西秦，隐居麦积山，山学百余人，崇其义训，禀其禅道。时有长安沙门释昙弘，秦地高僧，隐在此山，与高相会，以同业友善。”5世纪初玄高等在麦积山禅修，麦积山此时成为陇右著名的禅修之地，当时是否开始开凿石窟，没有记载。

宋代以后的一些碑刻文献都将麦积山石窟的开凿指向5世纪初的姚秦时期。东崖第3和第4窟之间崖面上原有南宋绍兴二年(1132年)题记:"麦积山阁胜迹，始建于姚秦，成于元魏，约七百年，四郡名显。……"南宋嘉定十五年(1222年)《四川制置使司给田公据碑》云:"自东晋起迹，敕赐无忧寺□□□给田 供瞻，次七国重修，敕赐石岩寺，大隋敕赐净念寺，大唐敕赐应乾寺，圣朝大观元年于绝顶阿育王塔旁，地产灵芝三十八本，蒙秦州经略陶龙图具表进上，奉敕改赐瑞应寺。"南宋祝穆《方舆览胜》卷69《天水军》条云:"麦积山在秦州东南百里，状如积麦，为秦地林泉之冠。姚秦时建瑞应寺，在山之后，姚兴凿山而修，千龛万象，转崖为阁，乃秦州胜景。"此书所记姚秦建瑞应寺与前碑宋建瑞应寺相矛盾。明崇祯十五年(1642年)《麦积山开除常住地粮碑》云:"按广舆记称：麦积山为秦地林泉之冠，其古迹系历代敕建者，有碑碣可考。自姚秦至今一千三百余年，香火不绝。"以上文献虽为宋代及以后的记载，应该属实，麦积山石窟的开凿当始于十六国后秦时期。

现存麦积山石窟最早的遗存年代，有两种观点，一为后秦时期，一为北魏时期。应以第二种观点比较接近现存实物。自后秦开始开凿石窟后，北魏、西魏、北周、隋唐续凿，北朝至隋唐时期为麦积山开凿的盛期。宋代直至明清时期对大部分北朝洞窟造像及壁画进行了重塑重绘。

20世纪50年代，中央文化部组织的麦积山勘察团对麦积山石窟进行了大规模的考察，参与者多为从事美术的人员，如吴作人、王朝闻、常任侠、罗工柳等，从而引起了关于麦积山石窟艺术研究的高潮。雕塑家刘开渠把麦积山石窟誉为"我国历代的一个大雕塑馆"。

麦积山石窟同敦煌莫高窟等一样，是建筑、雕塑与壁画的结合体。但麦积山所处的潮湿环境使得大部分洞窟的壁画未能保存下来，而适合麦积山崖体状况的泥塑造像却大多完整地保留至今，时代序列清晰，成为麦积山石窟与众不同的独特魅力所在。

麦积山造像大部分为北朝的泥塑作品，既系统又完整，体现出当时中国佛教泥塑造像艺术的发展规律，代表了北朝造像艺术的高度成就。

1. 北魏时期

北魏时期是中国佛教发展最为迅速的时期。公元

图7　第78窟正壁上部（魏文斌　摄影）

图 8　云冈第 20 主尊

图 9　第 78 窟佛像

452 年，北魏文成帝继位，立即恢复佛教，僧人昙曜被奏准开始在首都平城（今大同）开凿规模宏伟的云冈石窟，直到孝文帝时期，基本奠定了云冈石窟的规模，形成了石窟艺术上的云冈模式。云冈石窟的开凿对于北方中国石窟的开凿具有非常重要的影响，麦积山石窟的北魏前期洞窟就是在云冈模式的影响下而开凿的。麦积山石窟的北魏前期洞窟现存 20 多个，可以分为三个阶段。

第一阶段，为文成帝至孝文帝前期（452—477 年），窟龛有第 51、74、78、90、165 等窟龛，主要分布于西崖中下部。三面高坛基，高大的佛像置于其上，窟内仅留出较小的空间供人礼拜，窟顶为穹隆顶，正壁上方两侧对称凿两个小龛，内分别塑半跏思惟菩萨和交脚菩萨（图 7），这种两小龛对称的布局及内容可能受到了犍陀罗雕刻板造像的影响。主要以三世佛为主，佛像体魄高大，面形丰圆，宽眉高鼻，偏袒右肩袈裟，衣边外翻。这些特征与昙曜五窟有较多的相似之处，尤其是与第 20 窟大佛（图 8）。云冈第 18、19 窟佛两侧的胁侍菩萨都是正面直立，与麦积山第 74、78 窟的情形是一样的。造像特点上，佛像衣边刻折带纹的样式，表现在单尊佛像上较早的例子是日本藤井有邻馆藏太安元年（455 年）张永造佛像上以及太安三年（457 年）宋德兴造石佛坐像，但还不是十分成熟。

第 74 窟和第 78 窟两窟的右壁坐佛都保存比较完整，两坐佛的发髻为连续的规整的水波纹（图 9）。水波纹是犍陀罗佛像的特点，犍陀罗 1—4 世纪的佛像，常可看到发纹和肉髻为水波状，这种水波纹为卷曲的样子，更像西方人的头发（图 10）。麦积山第 78 窟正壁佛像的头发和肉髻是漩涡状的水波纹，这种漩涡状的发纹在云冈最早见于第 16 窟立佛。云冈第二期第 11 窟西壁第二层中部的七立佛也是这种发纹，第 6 窟这种发纹则很流行，几乎见于该窟所有的大型佛像（图 11）。金铜造像上这种发纹似乎出现的稍早一些，5 世纪 40 年代以后，这种发纹则已经开始表现的比较多了，如日本东京国立博物馆藏太平真君四年（443 年）菀申造鎏金铜佛立像。太和时期的金铜造像上，这种漩涡状的发纹非常流行，如美国大都会博物馆藏太和元年（477 年）鎏金铜弥勒佛、故宫博物院藏太和元年阳氏造释迦文佛坐像等等。由此可以看出，佛之漩涡纹的发髻出现的时代应该是在云冈第一期，之后大量流行于北魏太和时期。

这一阶段的菩萨造像有一个十分明显的特征，就是斜披络腋，络腋边缘向内折叠刻密集的折带纹。这种形式见于云冈第一、二期洞窟，但不是很流行。第 78 窟坛基上所绘供养人戴鲜卑帽。这种帽子广泛见于 5 世纪中后期的石窟以及出土的墓葬文物上，如云冈石窟的供养人、山西大同司马金龙墓、大同智家堡北魏墓、敦煌莫高窟出土北魏刺绣供养人、宁夏固原北魏墓等。不见于 5 世纪中期以前的石窟中。

第 78 窟坛基壁画供养人行列，各有墨书题名，其中有来自“仇池镇”的杨姓和王姓供养人，应为仇池地方的氐族供养人。绘制上限在文成帝复法后，下限在太和改制前，即 452—486 年间。

第二阶段，为北魏孝文帝太和时期（477—499 年），窟龛有第 70、71、77、80、100、128、144、148 等。主要分布于麦积山西崖中部。这些洞窟与第一阶段的洞窟比较，出现了以下变化：第一，洞窟规模明显变小。四壁壁面较直，与顶部交接处基本成直角。第二，较大的洞窟内由三壁高坛基塑三身等大的三佛变为正

图 10　犍陀罗佛头

图 11　云冈第 6 窟西壁中央佛龛佛头（采自孔有生绘《云冈石窟白描资料》）

图 12　第 48 窟正壁

面低坛基，两壁开龛，成为三壁两龛窟（第 80、100、128、144、148 窟）。第三，四壁上部出现列龛，龛内影塑造像（第 80、100、128、143、144、148 窟，图 12），有二佛并坐、一佛二菩萨。壁面出现泥塑小坛台，上贴影塑的形式（第 80、100 窟）。第四，主要造像组合以三佛二菩萨为主，有些窟在前壁多了两身胁侍菩萨（第 100、128 窟）。第五，正壁两侧由原来的只有交脚和半跏思惟菩萨对称两龛变为下部又凿出两列小龛，内塑释迦多宝并坐像。这一阶段的洞窟受到了云冈石窟二期洞窟的一些影响，如壁面列龛的形式，交脚菩萨或半跏思惟菩萨与释迦多宝上下的组合以及与千佛的组合等都受到了云冈造像形式的影响。第 70、71、77 窟等为圆拱顶龛，造像为一佛二菩萨。

第三阶段，北魏太和末期至宣武帝景明、正始年间（499—508 年），洞窟主要有第 69、76、86、89、91、93、114、115、155、156、169 窟等。这一阶段的洞窟较第二阶段的洞窟更小，洞窟平面一般为方形，平顶，除延续第二阶段的三壁两龛窟（第 114 窟）外，新出现了三壁三龛窟（第 155 窟），造像组合为三佛。多数为一佛二菩萨的组合（第 76、86、89、91、93、115、156 窟等），壁面流行做小泥塑坛台上贴影塑造像（第 89、91、93、114、115、156 窟等），部分洞窟延续前一阶段的做法把影塑置于小龛内（第 76、86、89、155 窟）。影塑造像有一佛、二佛并坐、千佛、菩萨、飞天、

图 13　第 115 窟

供养菩萨和弟子、供养人等。多数洞窟内的影塑相同，为模制，同时用于几个同时期的洞窟内。第一、二阶段流行的交脚与半跏思惟菩萨对称的组合仍然流行，有的置于龛内，有的置于影塑坛台上，有的洞窟内不在最上层，而是在第二层（第 86、93 窟等）。其中第 115 窟内有墨书北魏景明三年（502 年）造像发愿文，是判断这一组洞窟年代的重要依据（图 13）。这一阶段开始出现了受南朝造像影响的因素，主要表现在菩萨和影塑造像上，出现了褒衣博带、秀骨清像的造像风格，但在主尊佛的造像上还保留着早期造像的风格特点。第 114 窟的影塑飞天已演变为体态轻盈的南朝式飞天（图 14）。造像出现新旧风格变化的局面，同一个洞窟内，既有新的汉化的因素出现，又有旧有的外来风格的保留，表现出与龙门石窟在这一时期一致的特点。

“孝文改制”推行汉化改革，北魏晚期麦积山洞窟及造像艺术趋于成熟，深受以洛阳为中心的中原佛教造像的影响，并逐步形成了麦积山特有的一些造像风格，即世俗化极浓厚的造像特点。第 16、17、23、81、83、85、87、91、101、108、110、112、121、122、126、131、133、139、140、142、163 窟等为代表。洞窟有方形平顶窟及圆拱顶小龛为主，有的为套斗式藻井，流行三壁三龛窟，出现了大型的像第 133 窟横长方形有二后室的洞窟，类似于汉代的某些崖墓建筑形式。塑像除三佛外，还有一佛二弟子二菩萨、一佛一弟子一菩萨二力士、或一佛二弟子二菩萨二力士组合；影塑造像发达，大量应用于洞窟内，多直接贴于壁面上或置于泥塑小台上。造像已基本脱离了早期受外来影响的束缚，基本演变为汉民族化的“褒衣博带”和“秀骨清像”的造型特点。出现了许多脍炙人口的造像，如第 121 窟的“窃窃私语”组像（图版 60）、第 133 窟的“小沙弥”像（图版 51）等。佛装全部为双领下垂式，腰间系带，衣服宽博，衣纹以阴刻线为主，面相清癯，身形瘦弱，悬裳衣裾繁复，刻画细致入微，塑做精美。

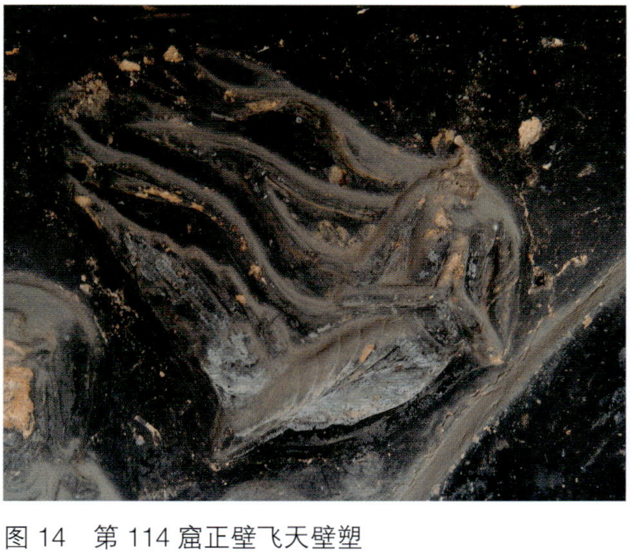

图 14　第 114 窟正壁飞天壁塑

菩萨身穿“X”状天衣，弟子多穿双领下垂僧衣，一老一少的二弟子组合成为定式。第64、85、101、121、122、140、154等窟出现的菩萨与螺髻像或弟子与螺髻像组合作为佛的胁侍的形式（图版61），显然受到了洛阳及其周围地区佛教造像的影响。

2. 西魏时期

据麦积山现藏宋代《秦州雄武军陇城县第六保瑞应寺再葬佛舍利记》记载：“西魏大统元年，再修崖阁，重兴寺宇”，可知西魏初开窟造像活动兴盛。《北史》卷13《后妃列传》记载文帝文皇后乙弗氏死后“凿麦积崖为龛而葬”，号寂陵（即第43窟），其子武都王元戊在麦积崖附近山梁（当地俗称“王子洞”）为母坐禅守陵。此期洞窟现存有第20、43、44、54、60、102、105、120、123、124、127、132、135、146、147、172窟等。窟形以方形平顶、三壁三龛或三壁二龛为主，外部出现仿木构建筑形式做法（如第43窟，图版71）。洞窟内部开始出现四角攒尖顶（第44、102窟），只是还没出现像北周时期那样的做出帐形。第127、135窟是这一时期开凿大型的洞窟。第127窟为平面横长方形的盝顶窟，三壁三龛；第135窟为平面横长方形的平顶窟，三壁三龛，前壁凿三个明窗。

造像题材以三佛为主。单铺组合为一佛二菩萨或二弟子，有些窟内出现以维摩诘经为内容的造像，如第102、123窟正壁塑说法的释迦牟尼佛，两侧壁塑表现《维摩诘经·文殊问疾品》内容的文殊和维摩对坐。第123窟的维摩和文殊分别有童男和童女世俗形象的胁侍（图15）。影塑造像逐渐消失，很少出现在洞窟内，第132窟虽然还有影塑小台的做法，

图15　第123窟

图 16　第 132 窟

但未见影塑保存（图 16）。

造像风格出现了两种不同的倾向。第一种为第 44 窟系统，第 20、44、102、105、120、123 等窟的造像，佛磨光柱状或漩涡纹高肉髻，面容姣好，五官秀美，两颊丰润（图 17）。厚重的双领下垂佛装，身躯逐渐趋于圆润，脱离了清俊消瘦的样子，衣裾分两瓣下垂，底端略平（图 18），衣纹线条更加简练流畅，具有自然韵律感。这种新出现的以面形丰润饱满为倾向的风格，有别于第二种即继承北魏晚期那种以清瘦飘逸为典型特征的风格，也该是接受了新的时代信息和艺术潮流，很可能与第 44 窟造像者或功德主的到来有密切的关系。根据研究，第 44 窟系统的造像应与来自西魏都城长安的乙弗氏有关。第二种风格即麦积山旧有来自洛阳地区的造像系统，代表洞窟有第 54、60、127、132、135、146、147、172 窟等。变化较为明显的是菩萨像，第 127、135 窟的菩萨像不再像之前那样比较呆板地侍立，而是比较接近现实中的人物姿态，欠身而立，微笑的双眼传递出更多信息，前伸手托供盘的手表现出更明显的动态和现实意趣（图版 104、105）。这与第 127、135 窟中绘制的大型本生或经变画中有大手笔所画的狩猎、出行、战争等现实场景相映成趣。

3. 北周时期

北周除武帝宇文邕灭佛，其余诸帝均崇佛，佛教在北魏西魏的基础上继续发展，并随着政治改革的开

图 17　第 44 窟主尊头部

图 18　第 44 窟主尊衣裙

展和对西域交通的加强，接受了来自西方以及东方北齐领地的文化影响，佛教文化及其艺术出现了变革。麦积山石窟又一次出现造像的高潮。宇文广先后出任秦州刺史及总管，其故吏开府仪同三司、秦州大都督李允信营造上七佛阁（“散花楼”）及其附属建筑千佛廊（第 3 窟），宏伟壮丽，其规模为当时全国佛窟之最。

这一时期的窟龛有第 3、4、7、9、11、12、22、26、27、31、32、35、36、39、41、45、46、52、65、67、94、109、113、134、136、141、157、166 窟以及王子洞窟区的第 197 窟等。第 84 和第 88 窟内北周重修了前期洞窟。窟形以平面方形四角攒尖顶窟为主，在西魏第 44 窟简单的四角攒尖顶窟的基础上，发展为窟内有仿木构柱及梁枋结构的帐形窟。有三壁无龛（第 11、52、94、113、136 窟）、三壁一龛（第 7、12、26、32、35、36、39、65、109 窟）、三壁七龛（第 27、141 窟）、并列七龛（第 4、9 窟）等布局。

造像题材多七佛，至少有 13 个窟为七佛造像，表明这一时期佛教思想及信仰上的变化（图 19）。千佛造像也受到重视，第 3 号千佛廊造六排千佛像，是北方石窟寺中规模最大的千佛造像。第 31 窟龛正壁贴两排千佛影塑像，是比较特殊的例子。第 4 窟各龛壁面上部贴三排影塑千佛，与莫高窟北周第 428 窟四壁上部贴五排影塑千佛的形式相同（图 20）。第 134 窟龛又出现了转法轮印的交脚菩萨像，这是早期造像常见的题材。单铺造像多一佛二弟子二菩萨像。第 4 窟龛外顶部塑绘结合的薄肉塑飞天组画，构思精妙，技法独特，具有极高的艺术成就（图版 137–141）。北周的造像敦厚壮实，饱满圆润，上承两魏风格，下启隋唐新风，表现出过渡时代特征，体现了珠圆玉润的造型特点。无论是圆形的脸还是身躯及手足，都体现出了这种特点，尤其是菩萨和弟子手、足的塑做。佛低平肉髻，短颈宽肩，腹部凸出，身体粗壮，衣裙薄纱透体，肌肉感强。佛装的表现，有继承北魏西魏时期的双领下垂式，有的在右肩袈裟外披覆搭右肩的偏衫，又流

图 19　第 12 窟

图 20　第 4 窟第 3 龛左壁上部影壁千佛

行圆领通肩袈裟，出现了低垂领覆搭左肩的样式，衣裾有两种表现形式，一是繁复的悬裳式，底端较平或呈圆弧状，一是较短没有垂于佛座前。衣纹开始向写实的风格过渡，表现为凸起的泥条状。菩萨披巾覆盖胸部或横于胸腹两道或横于腿部一道，垂挂斜长璎珞，外翻的裙腰更加写实，宝冠及项圈等装饰显得华美。圆润的躯体加上一腿略屈的姿势，显示出略微扭曲的身体曲线美。北周洞窟及造像表现出的诸多变化，是北周政治、外交政策反映在文化领域上的变革。在经历了数十年以南朝士大夫所崇尚的那种飘逸脱俗的风格之后，北周新出现的这种新气象，使人耳目一新，并孕育着新的统一风格的诞生。

4. 隋唐时期

隋文帝于仁寿元年（601 年）在麦积山顶敕建舍利塔，并赐寺院名“净念寺”。麦积山迎来了又一轮的开窟造像高峰。现存隋代窟龛有第 5、8、10、13、14、15、18、24、28、30、34、37、40、42、49、62、82、152 窟等，隋代的遗迹尚见于被重绘重塑的第 70、71、74、76、78、93、135 等窟龛。出现了第 13 号摩崖佛三尊大像，洞窟平面马蹄形的穹隆顶窟居多，个别为三壁三龛窟或一列三龛窟。北周流行的仿帐形的结构很快消失，仅在个别窟里仍有保留（第 14 窟），出现了

图 21　第 24 窟正壁

人字披顶结构的洞窟（第15窟）。第28、30窟及第5、49窟外部有仿木构的窟檐及前廊，廊顶凿出平棊，延续了北周第4窟的做法。龛形以平面马蹄形圆拱龛楣为主，有的龛柱上端雕出覆莲柱头，柱头上刻蝌蚪式的摩尼宝珠。

造像题材方面，有三佛（第5、62窟），单铺组合为一佛二菩萨、一佛二弟子二菩萨（第24窟等，图21）或一佛二弟子四菩萨（第5窟中龛），北周流行的七佛造像突然消失。新出现了表现弥勒下生的弥勒三会像（第49窟，图22）以及倚坐的阿弥陀三尊像（第13号摩崖，图版171）。这一时期出现了较多的单体坐佛像，除在洞窟内保存一些外，多被挪至库房保存。造像在继承北周饱满圆润的基础上，作风写实，尤其是衣纹的处理，采用大凸棱的做法，强调衣服褶皱的写实性。佛座较高，造像的上身较长。多数造像强调细部的刻画，如第37窟菩萨的手（图版175）、第24窟菩萨的发纹（图22）等。

隋代塑像为唐代雕塑艺术的辉煌发展拉开了序幕。但麦积山现存的唐代造像数量极少，仅见于第5窟的左右两龛及第53龛的佛像等。可能与唐代的秦州大地震以及吐蕃入侵有很大的关系。杜甫《山寺》诗对唐代麦积山寺院的萧条和冷落有形象的描绘。

图22　第49窟左壁龛倚壁佛冰

图23 第24窟胁侍菩萨头部

5. 宋代及其以后

麦积山的洞窟开凿，唐代以后戛然而止，但塑像的制作却并未停步。徽宗建中靖国元年（1101 年），寺主智利再建宝塔。大观二年（1108 年），麦积山顶发现灵芝，上奏朝廷，敕赐寺名瑞应寺。神宗熙宁年间，神宗“宣诏本寺得道高僧秀铁壁入内升座，讲演宗乘，赐圆通禅师……赐田三百余顷，供瞻僧众。”宁宗嘉定年间给本寺住持和尚“赐紫明觉大师”，并由四川制置使处发还屯田给麦积山。说明北宋朝廷对麦积山颇为重视。经过唐五代的萧条后，麦积山迎来了最后一个造像高潮。宋代对许多唐代以前的洞窟进行了重修，现存的第 59 号摩崖墨书题记记载了北宋景祐二年 (1035 年) 大规模地重妆东、西阁造像的情况。据统计，宋代对唐代以前的 50 多个洞窟进行了重修及妆衣。重修的情况一是未改变原来的造像组合，只是在原来的基础上对之进行重修，如第 13、98 摩崖三尊像宋代只是对各像进行了重修，第 91 窟原来为一佛二菩萨的组合，重修时仍为一佛二菩萨组合等，这种现象见于多数洞窟内。二是重修时改变了原来的造像组合关系并增加新的内容，如第 90 窟原为三佛，正壁佛胁侍二菩萨的组合，重修时将正壁单铺组合改变为一佛二弟子；第 93 窟原来为一佛二菩萨的组合，重修时改为一佛二弟子；第 165 窟原来为一交脚菩萨胁侍二菩萨，重修后改为三观音加二胁侍供养人；第 11 窟原可能为七佛窟，重修后的造像为一佛二弟子八大菩萨；第 43 窟原作造像毫无保留，重修后为一佛胁侍二菩萨，并在前廊加上二力士像等等。

宋代造像的内容，主要有一佛二菩萨、一佛二弟子及八大菩萨、罗睺罗授记、三观音等，并有高大的女供养人及力士像。第 133 窟窟室正中新塑的罗睺罗授记像（图版 188）、第 165 窟的女供养人（图版 197、198）以及第 4、43 窟的力士像（图版 192、193）是这一时期最杰出的代表。其中第 11 窟的八大菩萨像出自唐兴善寺三藏法师不空奉诏译《八大菩萨曼荼罗经》，密教造像被引进到麦积山石窟，但却没有流行。至元代时重修第 35 和第 48 窟造出具有藏密特点的佛像（图版 206）及四臂观音像，藏传佛教影响到了麦积山，也没有盛行开来。

六、珍贵的北朝壁画

麦积山石窟壁画数量不多，但保存有中国最早的大型经变画，对中国佛教绘画艺术的传播产生了重要作用，并影响到包括敦煌在内的整个河西走廊地区北朝晚期到隋唐时期经变画的发展。

第 127 窟是保存壁画最多的一个洞窟。该窟正壁绘涅槃经变、左壁绘维摩诘经变、右壁绘西方净土变、前披绘睒子本生、正披及左右披绘舍身饲虎本生、前壁下部绘地狱变、窟顶绘帝释天，这些壁画是北朝时期的壁画精品，具有很高的艺术成就。第 26、27 窟的法华经变和涅槃经变也是北周时期重要的成熟的经变画。北周第 4 窟的“薄肉塑”伎乐飞天组画，绘塑结合，构思奇妙，是中西文化结合的典范，不见于其他石窟。

《涅槃经变》：正壁上部，纵 2.20 米、横 8.22 米，略有残损。中间绘一佛二菩萨，左右有山水树木，为释迦说法图。其左侧绘释迦涅槃前最后一次说法和涅槃的情形。右侧绘“八王争舍利”，车马人物，姿态各异，争战激烈，气势磅礴，下部还有宏大的进军行列。

《维摩诘经变》：左壁上部，纵 2.30 米、横 4.48 米，略有残损。画面充分展示了《维摩诘所说经·问疾品》所描绘的场面：左侧维摩诘端坐于须弥座上，镇定自若，右侧文殊率众菩萨、声闻及诸天人徐徐而来。画面还描绘了该经《方便品》中的国王、大臣和《香积品》中的吉祥天女形象。规模宏大壮观，是早期经变画中的优秀作品（图版 106、107）。

《西方净土变》：右壁上部，画面高 1.63 米、长 4.55 米，是我国石窟寺中现存时代最早、规模最大、内容最完备的一幅净土变。画面正中一佛结跏趺坐于须弥座上，后有宝盖殿堂，前设高台栏杆，旁及树木城墙，墙上有角楼。佛左右分列二菩萨，再两边各有弟子二身、比丘十身恭身侍立。座前正中置建鼓一面，旁各一伎乐击鼓，再两旁各有一伎乐，戴花蔓冠，内穿紧身小袄，外套广袖衫，腰系曳地长裙，舒袖起舞。再向两侧又各有四身跽坐的伎乐手持乐器演奏，乐器有笙、箫、鼓、竽及箜篌等。画面左侧城外七宝莲池畔，有十余位僧众人等朝佛走来。左侧城外大树旁有比丘和女供养人各十余身，亦朝佛而来（图版 114）。

《七佛图》：前壁上部，画面高 1.47 米、长 8.22 米。七佛平列，结跏趺坐于须弥座上，其左右各有二胁侍菩萨或弟子，立于圆莲座上，躯体修长，仪态潇洒。其左右又各绘供养比丘数身，身穿各色袈裟，或手托供品，或笼袖而立（图版 120）。衣饰、佛座、宝盖、背光等，多用青、绿加墨色描绘。

《地狱变》：前壁下部，面积约 14 平方米。左侧绘《地狱变》中的“善报”，阎罗宫殿楼阁因被熏黑隐约可辨，两条墨书榜题清晰：“此人行十善得参道时”，“诸天罗汉迎去时”。右侧绘《地狱变》中的“恶报”，烟熏严重，隐约可见鬼差数身，其他内容不辨，墨书榜题可辨识者两条：“此人生时好□□当堕刀山地狱”，“此生时好□□□□令入截臂地狱”。左侧下部绘战骑图，画中的飞天随风飞舞，骑士戴胄披甲，一匹着甲红马，纵横驰骋（图版 118、119）。

帝释天：窟顶正中长方形藻井内，纵 1.32 米、横 4.68 米。帝释天身穿袍服，端坐于四龙云车之上，前有飞天导引（图版 113），后有仙人、羽人乘龙护送；上有华盖，旌幡飘扬，旁有诸天相随。色彩灰暗，铁线描清晰，晕染的石青、石绿尚且鲜艳。其内容一说为东王公巡游。

《睒子本生》故事画：窟顶前披，披面呈梯形，上底边长 4.61 米，下底边长 7.35 米，高 1.30 米，为长卷式佛本生故事画。现存画面以迦夷国“国王狩猎”“拜见盲夫妇”“帝释天施药”“睒子复生”为主要情节。前者绘国王及侍从们纵马奔驰在深山旷野之间，鸟兽惊慌四散，极富生活情趣。后者绘草庐前，国王寻找盲夫妇，门外端坐的盲夫妇似急切地盼望儿子回来，国王似告知睒子不幸中箭的经过（图版 108–112）。

《萨埵那太子舍身饲虎》：窟顶左、右梯形披，左披上底长 1.34 米，下底长 3.80 米，高 1.10 米，左、右披梯形大小一样。画面以摩诃罗陀国三位王子“出游”、三王子萨埵“饲虎”、向国王“报信”等情节为主线，用连环画的形式，绘制在左右二披之内。右披绘山林间悬崖下蹲伏大小老虎两组，每组八只。其中一组老虎中间三王子的形骸隐约可见，是为舍身饲虎；左披以城廓殿宇为主，间绘人物活动。城郭庄严，殿宇巍峨。城门之外，一边有数人牵马徐步而行，另一边有两人乘马飞奔而来为二兄回宫报信。城内宫殿外，有国王闻报昏厥在地的情节。以半鸟瞰的透视法，描绘出宏伟壮丽的城郭建筑（图版 115、116）。该组建筑的形式及结构是研究北朝时期王宫建筑形式的重要实物图像材料。

第 26 窟窟顶《涅槃经变》图，存正披及左、右披一半。正披为经变的主要画面，绘有三个场景。左侧绘佛在拘尸那迦城附近的娑罗林中为众弟子作最后的说法。右侧绘释迦于娑罗林双树间七宝床上头向右入灭“涅槃”并殓入“金棺”，众弟子或跪或立举哀，一弟子手抚佛双足，是佛“涅槃”后向大弟子摩诃迦叶示现双足的情景，上方六身飞天从天而降，并绘根据《佛入涅槃密迹金刚力士哀恋经》描述的密迹金刚“譬如岩崩颠堕于地”“举手大叫发声悲哭”。画面右下角绘焚棺荼毗场景（图版 149、150）。

第 27 窟顶部正披绘法华变，中间释迦多宝并坐，半结跏趺坐于六角形宝床之上，作说法状，两侧各一弟子侍立，弟子下方各有二菩萨侍立，在右侧菩萨下方，一弟子双手合十站立，此为《见宝塔品》。其正前方绘数身跪坐覆莲台上的人物，似乎表现《从地踊出品》内容。最外侧绘一方城，墙面绘交错长条形琉璃砖。正中绘一方形城门，门两侧各一穿束腰袍、戴冠男子站立，城门上方绘一单层歇山式城楼，其正面并列二门，侧开一门，转角外有角楼，四周有围楼。城内正中绘一歇山式殿堂，四壁各开一门，在城的内侧四周、各有一排歇山式房宇，面向殿堂。城外左侧上方绘四身穿夹领衫的供养人，表现《法华经・化城喻品》的内容（图版 148）。

七、古代中西文化交流的见证

麦积山石窟的佛教文化不是一个孤立的文化存在，而是和其他地区的佛教文化以及其他的文化现象存在着密切的交流关系，这些交流直接或间接地反映在麦积山石窟的佛教文化中，如洞窟形制、雕塑、壁画等，这些雕塑、壁画等是麦积山石窟通过丝绸之路进行文化交流的重要见证。

麦积山初期的洞窟，无论是洞窟形制还是雕塑、壁画等都受到了西域、犍陀罗佛教文化的影响，首先是在洞窟形制上第 78、74、90、57、165 窟等都是敞口、圆弧形的基本形制，和云冈初期昙曜五窟的形制基本相同，可以肯定两者之间有密切的联系，是一种草原文化影响的产物。同时，佛像着偏袒右肩的方式来自于凉州模式，并在局部的刻画上受到云冈石窟的影响。除前述洞窟外，还有第 76、100、128、148、115 等窟。另外，这个时期在洞窟正壁上有圆拱形的小龛。据研究，这种形制应该来自于犍陀罗地区，犍陀罗的佛教石刻中多见这种形制，其基本来源是一种建筑形式；同时，佛发髻上图案化的水波纹，最初来源也是犍陀罗地区，两者的区别在于：犍陀罗地区佛像发纹较为写实，忠于对现实的描摹，而麦积山石窟这时期的造像发纹是图案化的。

北魏早期的菩萨在头冠上有一种仰月冠和三珠冠，是这个时期菩萨的基本特征之一。据研究，三珠冠和加饰仰月或日月的冠饰来源于波斯萨珊王朝的装饰。现存克孜尔等地石窟壁画中，菩萨头冠大多流行三珠冠饰。其最初的形式，可以追溯到印度早期的佛像雕刻，如1—2世纪的马土拉（Mathura）菩萨及药叉形象，在犍陀罗雕刻中仍然十分流行。西域龟兹接受这种装饰后加以发展，把在印度本为束发的形式改变为饰有圆珠形的头冠。现存龟兹、吐木休克一带的彩塑菩萨像以及壁画菩萨像中，有单珠的头冠，也有三珠的，还有极少数为二珠的。三珠冠也是云冈石窟菩萨像的主要冠饰之一。而在北魏时期直到唐代，敦煌的菩萨像在三珠冠上增加了日月形装饰，形成了流行时间较长的三珠日月冠，是在西域式的三珠冠的基础上，接受了波斯萨珊王朝流行的日月形冠饰而形成的。

麦积山第115窟是一个处于佛教造像风格变化时期的洞窟，由早期风格浑厚、粗犷的风格转变为轻盈、细腻，是属于一个过渡时期的洞窟，如前所论，其浑厚、粗犷的风格则是继承了前期犍陀罗的风格，而轻盈、细腻的造像特点则是来源于马土拉艺术。

5世纪末期及6世纪初，麦积山石窟接受的文化主要来自于洛阳和西安等文化中心地区，这些地区产生的新的佛教艺术影响到麦积山石窟，第114窟的影塑造像中就明显地可以看出这一点，其形式明显是来源于洛阳地区。特别是北魏分裂为东西魏以后，西魏迁至长安，大量的官僚贵族以及文人士大夫等来到长安，标志着当时的文化中心西移至长安，使麦积山石窟更快地接受当时的文化。大量西迁的人群中肯定包括许多的佛教信徒，这些信徒在脱离龙门石窟以后就必然会再寻找一个新的石窟地点，而历史资料中的“西魏大统元年，大修崖阁”也正是麦积山接受洛阳地区佛教文化的见证。这一时期的洞窟如第43、44、127等窟，都可以明显地看出中原地区的风格影响。而这一时期出现的大型经变画，应该受长安地区佛寺壁画的影响，为隋唐以后如莫高窟大型经变画的繁荣奠定了基础。从第127窟前壁七佛的造型及装饰，我们可以看出从洛阳地区发现的正光五年的刘根线刻佛像经麦积山渐次西传至炳灵寺（野鸡沟洞窟的壁画）、莫高窟（第285窟的壁画）的线路。

川蜀地区的佛教文化也在北朝时期对麦积山石窟产生影响，当时佛教造像中流行“秀骨清像”。但是，在具体的服饰、面目形象等方面北方地区的秀骨清像和川蜀地区的秀骨清像是存在一定的区别，而在麦积山石窟可以看到这两种风格并存的现象。

北周时期，麦积山石窟的造像风格又受到了北齐的影响，这个时期山东半岛通过海上丝绸之路接受了印度本土的佛教艺术，从而影响北齐佛教造像风格，进而影响到了麦积山石窟，第67、94、141等窟则是北齐风格影响的直接产物。第22、141、142等窟壁画的同心圆头光，也是文化交流的见证。

隋唐时期，我们也可以看到丝绸之路交流的现象，天水出土的粟特人石棺床，其雕刻内容和风格属于粟特文化，另外这时期出土的波斯银币、凤首壶等都可以明显地看出中亚、西亚的文化通过丝绸之路对天水产生了影响。在麦积山石窟，这个时期壁画中突然大量出现了联珠纹图案（第70、71、74、78等窟的壁画），这种图案来源于波斯，隋朝时正值萨珊王朝盛世，而此时隋王朝大力经营河西，后隋炀帝西巡，通过政治和军事手段使丝绸之路保持畅通，中亚、西亚等地区的艺术风格便通过丝绸之路影响了麦积山石窟。

两宋时期，由于天水的地理位置，天水和南方地区的文化交流也进一步密切起来，南方地区的茶叶通过多条道路输入秦州，而秦州地区的马匹等也输入内地，麦积山成为茶马古道必经的重镇之一。当时政府在秦州地区设置了傕场和茶马司，在麦积山第 4、26 窟等处都可以看见和茶马贸易相关的题记，见证了当时的道路交通和贸易。

元代，随着藏传佛教逐渐影响到内地，麦积山也出现了藏传佛教的造像，如第 35、48 窟带有密教色彩的造像，就是藏传佛教传播到这一地区的见证。

总之，麦积山石窟所处的交通位置，决定了其在丝绸之路上西来东往文化交流上的桥梁与纽带作用。这种作用使麦积山的佛教艺术融汇了多种文化，在此基础上，形成了显著的本地域地方性特征。

麦积山石窟以其精美的泥塑造像、杰出壮观的洞窟建筑以及自然与人文景观的完美结合，成为享誉海内外的著名佛教圣地，具有突出的价值。由于其反映了多方面的文化交流以及在丝绸之路上的重要作用，使之成为古代丝绸之路沿线最为辉煌的佛教艺术宝库，并成为 5 ~ 18 世纪最为杰出的石窟类文化遗产之一。

1. 麦积山崖面

麦积山石窟崖面经过多次地震的破坏，现中部区域洞窟不存，主崖面分为东、西两崖，各有一摩崖大佛三尊造像。充分借鉴了战国秦汉以来已经成熟的栈道修筑技术，密如蜂房的洞窟与层层相连的栈道，为古代石窟开凿史上的奇观。现存编号窟龛 221 个，其中西崖 142 个（原来为 140 个），东崖 56 个（原来为 54 个），王子洞窟区 20 个（第 197 ~ 216 号，原来为 15 个），另外，2007 年在中区崖根外部塌落的堆积中清理出三个残空龛，分别编号为第 219、220、221 号。

唐代伟大诗人杜甫流寓秦州时游麦积山写有《山寺》诗，描述了吐蕃入侵及地震后麦积山的境况："野寺残僧少，山圆细路高。麝香眠石竹，鹦鹉啄金桃。乱水通人过，悬崖置屋牢。上方重阁晚，百里见秋毫。"

2. 第 74 窟　西崖中部

第 74 窟为麦积山最早开凿的洞窟之一，北魏早期。敞口形大龛，窟高 4.57 米、宽 4.57 米、残深 2.66 米。凹字形高坛基，三壁三佛，正壁佛两侧胁侍二菩萨。正壁左右上方对称各开一小龛，龛内分别塑半跏思惟菩萨及交脚菩萨，并各胁侍二菩萨。正壁佛头清代重塑，左壁佛头不存。正壁上方左右两个小龛对称布局的形式可以追溯到犍陀罗的雕刻。

3. 佛像　泥塑　第 78 窟正壁和右壁　北魏

第 78 窟窟形、造像及壁面布局与第 74 窟相同，为双窟。第 78 窟佛高 3 米，高肉髻，漩涡纹或水波纹发髻，面形方圆，高鼻深目，着偏袒右肩袈裟，衣纹阴刻细密，体魄健壮，具有犍陀罗造像特点。袈裟边缘刻连续弧形折带纹以及衣纹勾连状的做法受到了云冈昙曜五窟尤其是第 20 窟的影响，说明佛教石窟的“平城模式”对地方的影响。

4. 第 78 窟右壁主尊　局部　泥塑　北魏

第 78 窟右壁主尊保存完整，高 3 米。水波纹肉髻，面形方圆，宽额，高鼻阔目，脖颈粗壮，穿偏袒右肩袈裟，衣纹为凸起泥条加阴刻线。造像具有典型的早期外来风格。水波纹在犍陀罗造像写实性的基础上，变化为图案化的形式。

5. 供养人壁画　第 78 窟坛基右壁

画面高约 0.55 米，宽 1.50 米，上、下两排共绘 16 身男供养人像，身高 0.23 米，服饰为太和改制前胡服。均头戴鲜卑突骑帽，上身着左衽窄袖短袍，下穿宽腿束口裤。腰束带，足穿尖头靴，双手前伸或持莲花、莲蕾，捧香炉，端供盘，均侧身面向正壁主尊佛虔诚而立。每身供养人像前均有榜题，能辨识的有来自仇池镇的“杨”姓和“王”姓。根据仇池镇的设废年代，供养人绘于北魏太武帝太平真君七年（446 年）至孝文帝太和十二年（488 年）之间。

6. 伎乐天　壁画　第 165 窟左壁上方

第 165 窟为麦积山开凿最早的洞窟之一，时代为北魏文成帝复法至孝文帝初期。平面长方形敞口大龛。窟高 3.85 米、宽 4.60 米、残深 2.40 米。窟内造像均经宋代重修。壁面上方保存开窟原作壁画伎乐天，此身伎乐天位于左壁上方，面形圆润，双手抚琴弹奏。

7. 第 71 龛　北魏

该窟位于西崖中部，约开凿于北魏太和时期。平面长方形敞口龛，龛高 1.78 米、宽 1.82 米、深 0.81 米，龛内泥塑一佛二菩萨三尊像。壁面壁画为隋代重绘。佛高 1.12 米，磨光高肉髻，宽额，高鼻，内穿僧祇支，外穿偏袒右肩袈裟，禅定印，结跏趺坐于方形佛座上。阴刻衣纹细密，腹部、手臂及腿部衣纹为成组的燕尾状分叉，右臂袈裟边缘刻折带纹。本龛造像受云冈造像的影响较深。

8. 第 71 龛右胁侍菩萨

菩萨高 1.12 米，戴三珠宝冠，发纹清晰。发辫三绺披于肩头，颈戴宽尖项圈。右手于胸前握莲蕾，左手下垂握帔帛。袒上身，斜披络腋，边缘刻折带纹。下穿羊肠裙，裙裾不及脚腕。身体略倾斜，膝盖突出。

9. 第 148 窟　北魏

该窟位于西崖中部略上方。为平面方形平顶窟，窟高 2.40 米、宽 2.42 米、残深 2.12 米。三壁两龛，窟中前部因地震坍塌，左右壁大龛已毁。主要造像组合为三世佛。正壁通坛基，坛基上泥塑主尊佛像。正壁左右两侧各开上下三个小龛，上方两龛对称各塑一半跏思惟菩萨和交脚菩萨，中层和下层四龛内各塑二坐佛。左右壁上方各开数个小龛，小龛内塑二佛并坐。此窟约开凿于北魏太和时期，这一时期的洞窟结构及壁面布局、造像题材等，受到了云冈第二期洞窟的影响。与该窟同时的洞窟还有第 80、100、128、144 窟等，其在洞窟形制上共同的特点是三壁两龛窟，正壁留通坛基，正壁佛像塑于坛基上。

10. 第 148 窟正壁主尊局部

佛高 1.40 米，磨光高肉髻，宽额，鼻梁高且直，大眼，双耳垂肩，穿偏袒右肩袈裟，衣纹密集。具有典型的早期风格。

11. 半跏思惟菩萨　第 148 窟正壁左侧上方

龛圆拱形，高 0.52 米、宽 0.45 米、深 0.18 米。龛内泥塑一半跏思惟菩萨及胁侍二菩萨。思惟菩萨高 0.47 米，头戴装饰有仰月的三珠宝冠，发辫垂肩，壁画短璎珞，左腿横置于右腿上，左手抚脚腕，右臂支起作思维状，右手残断，束帛座。胁侍菩萨高 0.36 米，侧身而立。

12. 交脚菩萨　第 148 窟正壁右侧上方

龛圆拱形，高 0.52 米、宽 0.45 米、深 0.18 米。龛内泥塑一交脚菩萨及胁侍二菩萨。交脚菩萨高 0.47 米，戴三珠宝冠，发辫分三绺垂肩，颈戴宽尖项圈，袒上身，双手于胸前作转法轮印，交脚坐于束帛座上，这是早期弥勒菩萨的典型形象。其原型来自于犍陀罗。该龛与半跏思惟菩萨龛对称而开，这种组合在麦积山石窟现存将近 20 多例，流行时间为 5 世纪中期至 6 世纪初，是麦积山早期洞窟最有特征的造像组合。

13. 二佛并坐　第 148 窟正壁右侧下龛

圆拱形龛，龛高 0.37 米、宽 0.35 米、深 0.12 米。龛内泥塑二佛并坐，佛高 0.23 米，均穿偏袒右肩袈裟。左侧一身右臂斜举，手指右侧佛；右侧一身右臂屈于胸前，左手置于左膝上。佛龛及佛身均经彩绘。二佛并坐龛与其上方的交脚菩萨或半跏思惟菩萨组合，是麦积山 5 世纪中后期至 6 世纪初期流行的造像组合，根据《法华经》而作，是法华思想在麦积山石窟流行的反映。

14. 第 80 窟正壁右侧及右胁侍菩萨

第 80 窟位于西崖中部，开凿于北魏太和时期，北周和清代重修。为平面方形平顶窟，前部坍塌，原为三壁两龛，现左右壁大龛残。正壁通长坛基。窟高 2.55 米、宽 1.30 米、残深 0.62 米，主佛高 1.40 米。正壁主佛左、右侧上下各开二小龛，近地各塑三身供养人。正壁右侧上龛内塑一通肩袈裟禅定印坐佛，下龛内塑二佛并坐。右壁菩萨高 1.24 米，戴宝冠，发辫三绺垂肩，颈戴宽尖项圈，斜披络腋，左手于胸前握莲蕾，右手下垂提净瓶。

15. 第 80 窟正壁左侧及左胁侍菩萨

左壁菩萨高 1.28 米，保存完整，手势与右壁菩萨相反。正壁左侧上下圆拱龛，与正壁右侧对称，上龛塑禅定印坐佛，下龛塑二佛并坐。此窟小龛内造像两两对称，造型及大小一致，为同模影塑造像。

16. 菩萨局部　第 80 窟左胁侍菩萨

菩萨头戴三珠宝冠，头发从宝珠中穿出。短宝缯。细长眼，高鼻，阔嘴。耳垂耳铛，发辫于肩头相挽分三绺垂肩，双层宽尖项圈。菩萨面带笑意，表情温和。造像具有明显的早期外来风格。

17. 坐佛　第 80 窟正壁右侧上龛

佛高 0.32 米。高肉髻，肉髻及发际用黑彩涂绘。穿圆领通肩袈裟，衣纹阴刻，呈 U 字形。双手前后相叠作禅定印，结跏趺坐。彩绘背项光，衣饰涂以赭红彩。与下龛的二佛并坐组成三世佛。

18. 二佛并坐　第 80 窟正壁左侧下龛

二佛并坐于圆拱形龛内，尖拱龛楣。龛内影塑二佛并坐，依据《法华经·见宝塔品》而作，与上龛的坐佛组成三世佛。高 0.32 米，均高肉髻，高鼻，阔嘴，穿偏袒右肩袈裟，衣纹阴刻，结跏趺坐。左侧一身右手斜举指向右侧坐佛，左手残断。右侧一身右手置于胸部，左手置于膝头握衣角。龛内彩绘背项光。

19. 供养人像　第 80 窟正壁左侧下方

第 80 窟现存供养人七身，均贴塑于壁面下部近窟底处，正壁佛座两侧各三身，左壁菩萨莲台外侧一身。高 0.48 米。供养人均戴笼冠，内着圆领内衣，外罩双层宽袖交领长袍，袖口外翻，双手交叠于腹前而立。

20. 供养人像　第 80 窟正壁右侧下方

三身供养人并排站立，两身与左侧下方的三身相同。最右侧的供养人戴圆形合欢帽，有中缝，冠后有披风状物，露耳。双手握莲蕾。衣服施以红彩。

21. 摩崖三尊像　第 98 号　西崖中部　北魏（宋、元重修）

第 98 号摩崖雕造于西崖崖面的中心部位，石胎泥塑。龛高 13.88 米、宽 10 米、深 1 米。据佛胸部出土的钱币瓔珞最晚的为元代分析，造像经宋元重修。佛高 12 米，螺髻，有肉髻珠，方圆脸，弯眉大眼嵌珠，短颈，宽肩丰胸，内着僧祇支，外披袒胸袈裟，左手曲臂前伸，右手下垂，赤足立于悬空云朵上。左菩萨（残）高 7.7 米，除衣裙下摆部分残存外，其余部分外敷泥均已脱落，露出石胎及贴泥时所用的木桩孔眼及木桩架。右菩萨高 8 米，头戴宝冠，长披发，方圆脸，上身半袒，佩戴项圈、臂钏，下系长裙，肩搭帔帛。胸前垂挂长瓔珞，左手提挑形物于腹侧，右手于胸前持莲蕾，赤足立于悬空云朵上。从佛、菩萨两侧现存的桩眼及木桩分析，外部原来可能有木构楼阁建筑。

22. 菩萨　第 69 龛右胁侍菩萨

第 69 龛位于西崖中下部，约开凿于北魏宣武帝景明时期。龛内泥塑一佛二菩萨三尊像。右胁侍菩萨戴宝冠，发髻较高，宝缯垂肩，内穿斜领内衣，帔帛宽大，于腹部作“╳”状交叉，阴刻衣纹流畅。左手于胸前握莲蕾，右手屈于腹部提净瓶。裙裾覆盖脚面。造像及衣饰具有汉民族化的特点。与主尊圆领通肩袈裟形成对比。这是麦积山石窟 6 世纪初造像处于新旧风格变化的特点。

23. 第 76 窟

位于西崖东下部，平面梯形小型平顶窟。约开凿于北魏宣武帝景明时期（6 世纪初）。

正壁塑一主佛，左右壁各塑一胁侍菩萨。佛磨光高肉髻，身穿通肩袈裟，衣角搭于左肩，作禅定印，结跏趺坐于须弥座上，衣摆分三瓣下垂。佛座正面露出墨书“南□主安都侯……”题记。浮塑莲瓣形背光。正壁两侧及左右壁上部和前部共开 14 个小龛，内各影塑一坐佛。壁脚贴影塑男女供养人。壁画隋代重绘，三壁绘千佛、供养人及比丘像，窟顶正中绘一莲花，周围存七飞天围绕。

24. 壁画莲花及飞天　第 76 窟顶部　隋代

窟顶部现残存隋代重绘壁画，色彩鲜艳。正中绘圆莲，周围绘飞天绕莲飞行于碧空之中，点点散落的花雨既丰富画面又增加了飞天的动感。顶部现存七身飞天，环绕中心由多重圈组成的圆莲作供养状，与正壁相交处以背光浮塑莲瓣尖部左右对称布局，飞天皆束高髻，戴宝珠花冠，饰项圈、臂钏，肩搭帔帛，下着长裙，袒胸赤足，或手托果盘，或手持长柄香炉。飞天四周有蓝、白二色莲花及流云衬托。飞天上身皆白色，裙装饰以石绿，或草绿，或赭石色，帔帛饰以石绿或石蓝色。

25. 飞天　第 76 窟顶部

此身飞天为第 76 窟顶部飞天之一，戴宝冠，双髻，侧脸，有胡髭。颈戴圆形项圈，裸上身。左手抚于胸部，右手端花盘。鼓腹，下穿长裙。脑后飘带呈环形，然后绕臂肘向上飘扬，裙带亦随风飘起。屈腿，双脚露出裙裾。肌肤所露部分涂以白彩，飘带裙带施以石绿色，裙子为黑彩，周围花瓣以蓝、白两色涂染，项圈等装饰品则以墨线勾描。整体造型准确，线条流畅，动感极强。

26. 第 155 窟　西崖大佛左侧　北魏中期

平面方形平顶窟，三壁三龛，为麦积山最早出现的该窟形。窟高 2.11 米、宽 2.51 米、深 2.12 米。三龛龛楣及龛柱浮塑，其中正壁龛柱下塑托举夜叉。每龛内塑一佛，组成三世佛。正壁龛外两侧各造上下三个小龛，其中上两龛内对称影塑交脚与半跏思惟菩萨（其中右侧的交脚菩萨已不存），正壁龛楣及两侧贴影塑佛、菩萨及供养人等，左右壁上方及前壁上方开列龛，共 23 个，内影塑一坐佛。顶部壁画莲花及飞天。正壁龛外左侧的菩萨及左右壁后部的胁侍二弟子（一老一少）北魏晚期重塑。该窟洞窟形制及造像均向北魏晚期风格转变。

27. 弟子像　第 155 窟左壁后部

弟子高 1.02 米。塑像头顶部分用微高于额髻的泥层的做法来表示出发际线。高鼻深目，颧骨凹陷，下颌较尖，面形瘦削。喉结凸出，胸部肋骨凸显，形体瘦削细长，表现为一年老的弟子形象。穿半披右肩僧衣，右手于胸前持莲蕾，左手于腹部握衣角。衣纹为细密的阴刻线，裙裾露出，不及脚腕。足穿圆头履，立于莲台之上。浮塑莲瓣形背光。塑像表面施彩，仅在衣饰边缘可见到绿彩的痕迹。该像为北魏晚期重塑，与右壁的年轻弟子对称，是麦积山出现最早的一老一少的弟子组合。

29、30. 影塑夜叉　第 155 窟正壁龛柱下

正壁龛柱下，两身，对称。夜叉高 32.5 厘米。头发向上竖起，凝眉瞪眼，张嘴，面目狰狞，侧头，上身赤裸，下穿鼻窦裤，一腿弯曲，一腿直立，站于小亖台上，双臂屈肘上举，双手用力托举莲花柱础。这是麦积山现存最早的托柱夜叉形象。

28. 影塑供养天　第 155 窟正壁龛楣外侧

正壁龛楣外两侧对称贴塑（现存左侧二身）。束高髻，浮塑项光，着圆领通肩衣，双手于胸前合十，侧身，单腿胡跪，露足。壁面贴影塑而不做影塑小台的形式，出现在本窟内，是一种新趋向。

32. 第 142 窟　西崖中上部

北魏晚期开凿。平面方形平顶窟，三壁低坛基。窟高 2.15 米、宽 2.03 米、深 2.54 米。窟内塑三世佛。正壁主佛结跏趺坐于工字形须弥座上，左右两侧二胁侍菩萨，跣足立于圆形台上。正壁左右两角上方分别塑猴头、象头及其他影塑。右壁塑交脚弥勒菩萨，其左侧塑一胁侍菩萨。左壁为一结跏趺坐佛。前壁窟门左侧存一力士。造像均秀骨清像，褒衣博带，为典型的汉民族风格。壁面满贴影塑，布局严谨，形式多样，是麦积山内容最丰富的洞窟之一。

31. 第 23 窟　北魏晚期

东崖中部原应为平面方形平顶窟，现窟前部坍塌。北魏晚期开凿。造像仅存泥塑一佛一菩萨。佛高肉髻，面形瘦长，脖颈细长，穿双领下垂袈裟，胸前衣带打结前垂，衣纹阴刻。双手残断。右胁侍菩萨躯体细长，但上身袒露，斜披络腋，下穿羊肠裙，双腿分开站立于莲台上。此窟造像主尊已是汉民族化的风格，菩萨仍保留早期造像的特点。

33. 交脚菩萨　第 142 窟右壁

交脚菩萨高 1.51 米，束高髻，面形瘦长，弯眉，大眼，鼻翼较窄，脖颈细长，颈戴项圈，饰垂铃。帔帛宽大，覆双肩及双臂，双臂外帔帛向外翘起，并于腹下部交叉。身佩由宝珠和珊瑚相串的长璎珞。右手掌心向外举于胸前，左手残断，臂挂帔帛及璎珞。双脚脚尖朝内相交，脚穿履。裙裾垂下，形成密集的褶皱。整体造型清秀、瘦长，具有秀骨清像的特点。

34. 菩萨和弟子　第 142 窟正壁左侧和左壁后部

菩萨高 1 米，发髻残，面形狭长，五官集中。内穿僧祇支，帔帛于肘部外翘起，绕臂长垂。斜挂长璎珞。右臂残，左臂屈于腹部，左手提净瓶。裙裾外张。双脚分开站立于莲台上。菩萨右侧壁面上分数层做小台，台上贴影塑造像。左壁弟子分脚站立，其两侧壁面小台上贴影塑造像。

36. 力士像　第 142 窟前壁左侧

力士像高 0.64 米。头梳小髻，眉头刻皱纹。双眉凸起，双眼暴突，宽鼻翼，阔嘴，嘴里露出尖牙，阴线刻出胡髭。颈部青筋暴起。帔帛覆双肩及上臂，端部翘起，于腿部交叉。裙腰外翻折叠，裙衣上阴刻衣纹。右臂残，左手置于胯部，臂上肌肉块状突起。身躯向右斜扭，孔武有力。

35. 胁侍菩萨　第 142 窟右壁后部

菩萨高 0.92 米，为交脚菩萨的胁侍。高发髻，发纹细密。穿双领下垂僧衣。双手于胸前端罐状供器。袖缘刻连续弧形折带纹，线条流畅。裙裾分开外张。脚穿靴子，双脚分开站立于圆台上。衣饰上施以石青、石绿及黑、红彩。

38. 母子供养人像　第 142 窟正壁右侧

供养人为母子二人，母高 0.24 米，子高 0.12 米。贴塑于该窟正壁佛右侧第二层泥塑小台上。侧身向右，母戴笼冠，面容和蔼，穿宽敞的通肩大衣，裙裾覆脚，右臂侧伸，右手举供器，左手牵小儿右臂；小儿梳小髻，穿圆领衣，左臂下垂，身体紧贴母亲。这种组合的供养者在麦积山石窟中不多见，具有较浓厚的生活气息。

37. 弟子像　第 142 窟左壁

弟子为左壁佛右胁侍，高 0.92 米。为一年轻弟子形象。弯眉，眼睛似弯月，抿嘴，面目清秀。穿竖领宽博僧衣，右手笼于衣袖中，左手举于胸前。穿双领下垂僧衣。衣袖边缘刻整齐的圆弧状折带纹，衣缘施以石青或石绿彩。

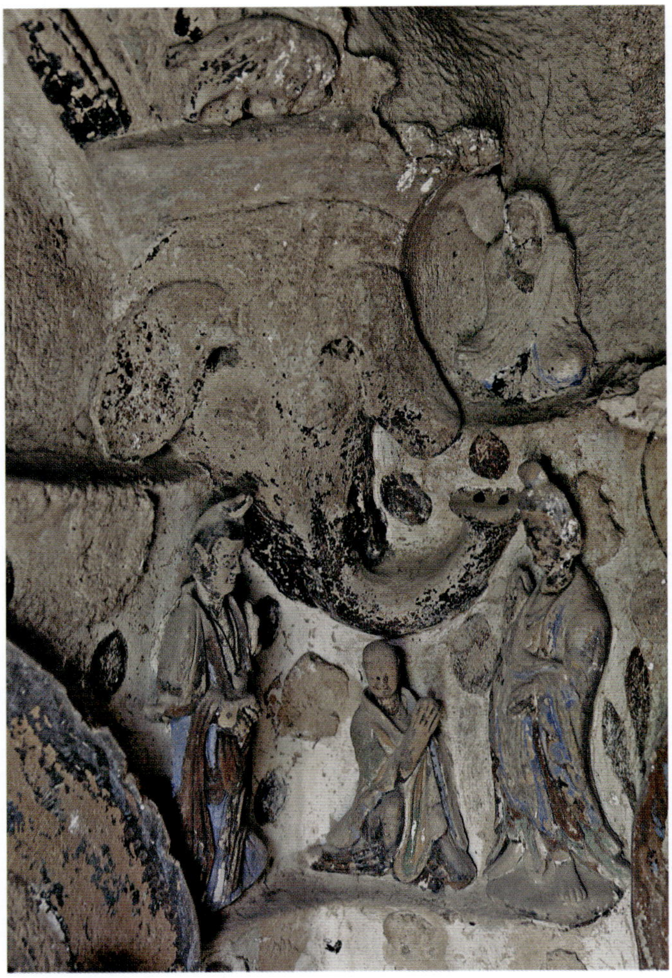

39. 象头及佛、菩萨、弟子　第 142 窟正壁与右壁相接处

窟正壁与右壁相接处近窟顶塑做一象头，头顶塑一豕形动物。象耳下垂，象鼻向右弯曲前伸。象头左侧一禅坐僧。象鼻右侧一立佛，侧身下视，象鼻右侧一斜身站立菩萨，佛与菩萨间塑一胡跪弟子向佛，双手拱拜。此组造像内容待考。

40. 胡跪弟子像　第 142 窟正壁与右壁相接处

弟子塑于象鼻下，立佛与立菩萨之间。弟子高 0.14 米，面目清秀，头微侧下视，穿双领下垂袈裟，双手前伸合十跪拜，左腿跪地，右腿支起。衣施黑、绿、蓝等色彩绘。

41. 猴头、佛、弟子、鹫鸟　第 142 窟正壁与左壁相接处

塑像位于正壁与左壁相接的上部。正中塑一猴头，双耳向后，弯眉，圆眼，鼻子较长，络腮胡。猴头上塑双树，树双顶塑一影塑坐佛。猴头右侧伸出忍冬叶，叶上站立一鹫鸟，展翅，低头注视下方。忍冬叶右侧塑做一树状龛，龛内原影塑像不存。猴头左侧塑三身跪拜弟子。此组造像与右侧的象头都可能表现某种佛教故事，待考。 猴头下方影塑立佛及胁侍菩萨。

42. 影塑佛及菩萨、弟子像　第 142 窟左壁后部

位于第 142 窟左壁佛与弟子之间，第二层泥塑小台上。佛高 0.26 米，居中结跏趺坐，高肉髻，面形瘦长，着偏袒右肩袈裟，悬裳坐，衣饰厚重。右手施无畏印，左手握衣角。左侧弟子高 0.23 米，侧身向佛而立，面容清俊，着双领下垂僧衣，右手上举，左手贴腿下垂，衣摆覆盖脚面。菩萨高 0.24 米，高发髻，面形瘦长，内穿交领内衣，外穿大衣，帔帛覆肩，左手举于胸前，右手于腹部握莲蕾。裙裾覆盖脚面。造像整体清秀，衣饰宽大，为典型的秀骨清相、褒衣博带特点。

43. 飞天　第 142 窟顶部

第 142 窟顶部绘制壁画飞天、贴泥塑飞天及花饰等。飞天形象各异。此身飞天位于窟顶前部，黑色双鬟髻，侧脸，面涂白色。颈戴红色项圈。穿黑色交领衣，下穿蓝白相间长裙，细腰。红色和蓝色飘带向后飘扬，身姿轻盈。

44. 飞天　第 142 窟窟顶

飞天位于窟顶后部，侧身。头梳长髻，留出白色发际，高鼻，面涂成赭红色。身穿白色蓝边竖领衣，小臂露出。左臂向后上方斜举，左手似托举东西，右臂前伸，右手举莲花。飘带伴随周围的云气和花朵向后飘扬，一腿前屈，一腿向后直伸，做飞奔状。飞天肌肤所露部分如面部、小臂及腿部用赭红彩涂染，衣服用白色，衣边施蓝色，施彩鲜艳。飞奔状的身姿与身后的云气及飘带具有很强烈的动感，绘画水平较高。

45. 第 140 窟内景

第 140 窟位于西崖上部，东侧与第 141 窟相邻，其右壁后部被凿穿一洞与 141 窟相通，此为从 141 窟拍摄。该窟为平面方形平顶窟，窟高 2.14 米、宽 2.17 米、深 2.01 米。窟内正、左、右各塑一坐佛，为三壁三佛组合，正壁主佛两侧各塑一立胁侍菩萨，左、右壁内侧各塑一立胁侍菩萨（其中左壁的已不存），左、右壁外侧各塑一站立螺髻像。前壁已不完整，造像不明。窟顶及四壁绘制壁画，多被烟熏严重。根据窟内造像特点分析，该窟开凿于北魏晚期。

46. 第 133 窟内景

第 133 窟开凿于北魏晚期，五代、宋、元重修。又称万佛洞，为仿汉代崖墓开凿的大型窟龛。前部为平面横长方形享堂，后开竖长方形左右二内室。窟周壁开龛，上下共凿 15 龛，结构复杂，是麦积山石窟规模最大的洞窟之一。现存造像数量最多，较完整的泥塑计 27 身，窟壁及龛内影塑佛、千佛、菩萨、弟子、飞天、供养人等达数千之多，故素称“万菩萨堂”。现存北魏至西魏石刻造像碑 22 块。

前堂正中现存宋代重塑罗睺罗授记，造像极富感染力，为宋代佳作。

窟内壁画大部熏黑或脱落，前堂窟顶残存诸天仆乘，乘龙骑凤仙人及散花飞天、羽人等，为中国传统神话题材的绘画内容。右侧所凿藻井内绘有千佛、忍冬等。

47. 造像碑　石雕　第 133 窟内

第 133 窟又称“碑洞”，窟内保存北魏晚期至西魏时期造像碑 20 余件。其中 10 号造像碑为精品，北魏晚期。圆首方形，通高 1.38 米、宽 0.78 米、厚 0.12 米。碑阳分格雕刻表现大乘思想的三世佛、维摩诘经“文殊问疾品”及佛传故事。佛传故事有燃灯授记、乘象入胎、诞生、剃发出家、树下思维、降魔成道、鹿野苑说法、涅槃等内容，是北朝时期保存情节众多、雕刻精美的佛传故事造像碑。

48. 弟子像　第 133 窟第 9 龛内

弟子塑于第 9 龛佛座下龛底右侧，高 0.88 米，为一少年形象，被称为“小沙弥”，为麦积山石窟最有魅力的造像之一。光头，面形圆润，弯眉细目，面带微笑，小臂，抿嘴，表情和悦可亲。内穿僧祇支，外穿双领下垂僧衣，衣纹阴刻，裙裾覆脚。

49. 第 133 窟窟顶壁画　北魏

前室东侧窟顶，面积约二十余平方米，壁画的整体内容由于其他部分严重脱落而难以确定，在残存的壁画中表现有山水树木、骑虎仙人、骑龙仙人、大鱼等内容，龙、虎均呈矫健奔走之势，线条飘逸奔放。其中部分图案仅用土红色颜料做起稿线而未着色，为我们提供了研究古代匠师绘画步骤的依据。

50. 骑虎仙人　第 133 窟窟顶壁画　北魏

第 133 窟窟顶壁画局部，表现一位仙人骑虎出行的画面，仙人穿交领束腰长衫骑坐于虎背之上，衣带随风飘扬；所乘之虎昂首向前，躯体舒展，四肢腾空。仙人及虎周围飘洒着无数的花瓣，呈现出祥和、优雅的气氛。画面仅仙人服饰部分施石蓝、黑等色彩，而虎的身体各部分并未着色，可以看出最初自由、粗率的土红色起稿线。

51. 影塑飞天　第 133 窟　　北魏

原为第 133 窟第 11 龛龛楣上的影塑，高 13 厘米、宽 15 厘米、厚 3.5 厘米，采用了圆雕、高浮雕和浅浮雕相结合的方法，头部采用圆雕的手法单独制作，身体部分采用高浮雕、衣带部分采用浅浮雕的方法。飞天束高发髻，面带轻微的笑意，左手于胸前持供品，衣带宽博，自然飘扬于身后，并且点缀有花瓣等饰物。一种轻盈飘逸之美呈现于眼前。

52. 第 126 窟　西崖西侧最上层　北魏晚期

平面方形，平顶，方形窟门，窟内四壁凿出窄长条形低坛基，门道较深。窟高 1.75 米、宽 1.77 米、深 1.65 米。窟内正壁正中塑一佛，结跏趺坐于长方形台上，佛左、右两侧各塑一菩萨和一弟子侍立，左、右两壁正中各塑一力士，四壁与窟顶间满贴影塑佛、弟子、菩萨、飞天及供养人等。

53. 佛塑像　第 126 窟正壁

第 126 窟正壁主尊，泥塑，高 1.10 米。圆形磨光高肉髻，额际较平。脸长圆，五官清秀集中，双眼平视，鼻翼较窄，小嘴。细颈，溜肩，内穿结带僧祇支，中穿双领下垂衣，外披偏衫。衣领竖起，衣纹阴刻均匀。悬裳衣裾分三瓣呈圆形垂于座前。方形佛座较高。造像具有典型的北魏晚期特点。

54. 弟子像　第 126 窟正壁主尊右侧

佛胁侍一菩萨一弟子较为特殊。右侧胁侍弟子，高 1.02 米。年轻比丘形象。浮塑圆盘形头光。鹅蛋形脸，面带笑容。长颈，溜肩，穿双领下垂僧衣，右臂斜置于胯部，右手笼于袖中，左手手心向外举于胸前。衣角搭于左臂，衣边刻成弧形。裙裾覆盖脚面。弟子体型修长，衣纹疏朗流畅，造型准确，神情恬静。

55. 力士像　第 126 窟左壁

第 126 窟左右壁对称各塑一力士像。此为左壁力士，高 1.05 米。头梳小髻，双眉紧蹙，豹眼，朝天鼻，鼻孔大张，咧嘴，脖颈青筋暴露，内穿长袖衣，胸穿两当铠，右手置于腹部，左手笼于宽袖中。下穿长裙，双脚并拢，立于圆形莲台上。浮塑尖莲瓣形头光，仅存一小部分。

56. 第 121 窟　北魏晚期

第 121 窟位于西崖西部上层第二层栈道上。平面方形覆斗藻井窟，窟内正、左、右三壁各凿一圆拱形深龛，浮塑尖楣。正龛内左右壁中部各作一长约 0.80 米的悬空小台阶，地面凿亚字形低坛基。窟高 2.55 米、宽 2.37 米、深 2 米。三个大龛内原各塑一佛像，为三世佛组合，现左右壁龛内被改塑为菩萨像，原作衣裾仍保留，正壁佛像亦被宋代重修。正壁龛外两侧各胁侍一螺髻像和弟子像，左右壁后部各一胁侍菩萨像。前壁现存二力士，经宋代重修。正壁龛内及壁面贴影塑造像，多不存。顶部绘莲花及飞天，烟熏严重，多模糊不清。此窟原作造像精美，为北魏晚期的代表作品。

57. 螺髻梵王与菩萨像局部

第 121 窟正壁左侧与左壁右侧

两身塑像头部紧贴，螺髻像螺髻高耸，低首下视，眉目细长，菩萨像头微侧，发髻前倾。均有均匀整齐的阴刻发纹。面带笑容，五官清秀俊美。

58. 螺髻梵王与菩萨像　第 121 窟正壁左侧与左壁右侧

正壁龛外左侧胁侍螺髻梵王与菩萨像，高 1.25 米，与右侧的弟子与菩萨（窃窃私语）对称。梵王螺髻，身穿宽博大衣，双手合十。菩萨扇形高髻，高领内衣，帔帛交叉，长裙覆脚。造像面形圆润，面带笑容，俯首聆听佛说法，衣饰宽大，形体秀美，为典型的秀骨清像特点。

60. 弟子与菩萨像局部　第 121 窟正壁右侧与右壁左侧

弟子头微向右倾，菩萨扇形髻，阴刻发纹齐整。两身塑像面庞清秀俊美，躯体修长，衣饰宽博，衣纹流畅，神情和悦，似在低首交谈，安静中带有动感，刻画细致入微。

59. 弟子与菩萨像　第 121 窟正壁右侧与右壁左侧

弟子高 1.22 米，菩萨高 1.22 米，弟子为正壁龛外的右胁侍，菩萨为右壁龛外的左胁侍。因塑像背面躯体与壁面之间的木桩松动，两身塑像前倾倚靠在一起，被誉为“窃窃私语”，是最脍炙人口塑像之一。弟子穿双领下垂衣，裙裾覆脚，双手合十于胸前。菩萨帔帛覆肩起翘，于腿部作“X”状交叉，长裙覆脚，足穿云头履。右手略抬起，左手屈于腹部。

61. 力士像　第 121 窟前壁门右侧

第 121 窟前壁门两侧对称各塑一力士像，右侧力士高 1.28 米。头宋代重塑。戴花冠，发髻中分。浓眉高耸，大眼，鼻孔张开，嘴咧开。身体北魏原作。右肩向上耸起，帔帛覆肩及上臂并于腹部作“X”状交叉。袒胸，下穿裙。右手残断，左手拄剑。

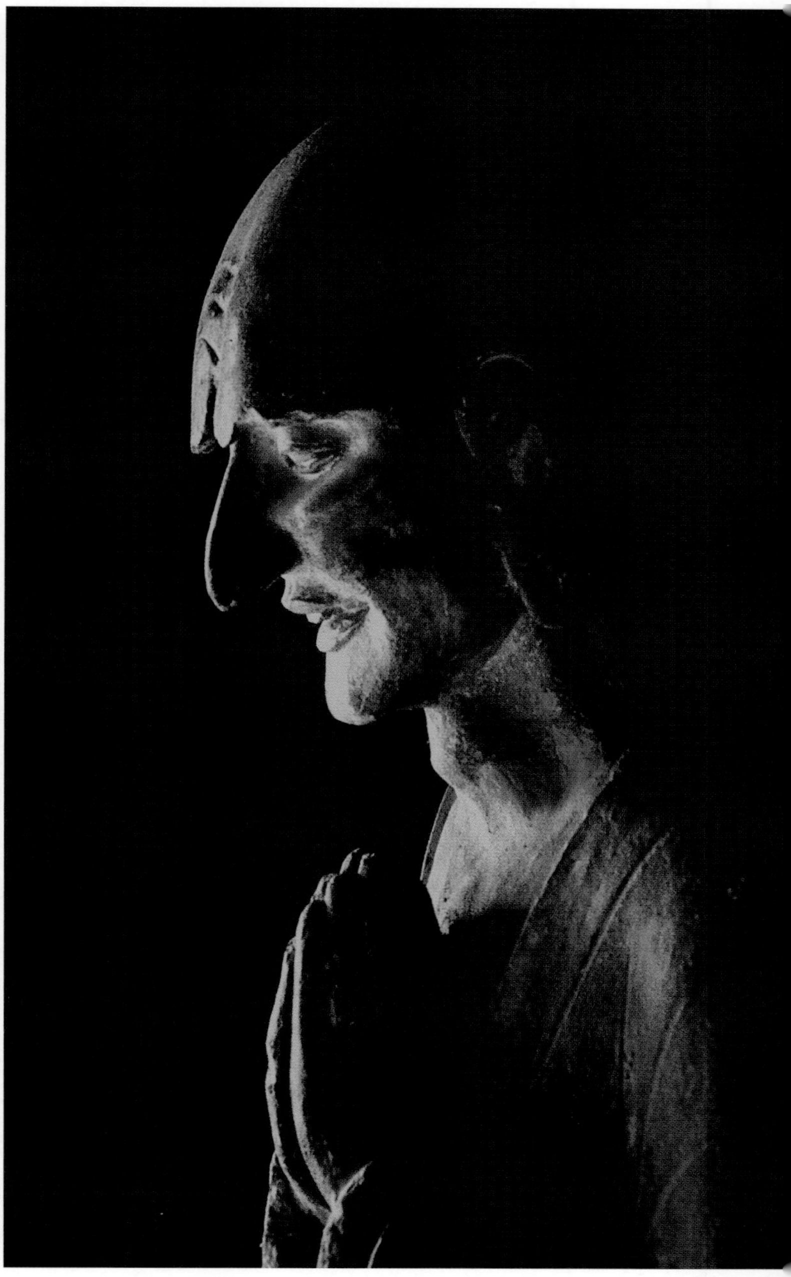

62. 力士像　第 121 窟前壁门左侧

力士高 1.26 米。头部宋代重塑。向右正视。上身穿两当铠。双臂垂于两胯部，双手笼于长袖中。下穿裙，腰系带，衣纹阴刻。

63. 迦叶弟子像　第 87 窟　北魏

第 87 窟为北魏晚期洞窟，平面方形三壁三龛窟。弟子迦叶像原位于右壁，高 0.97 米，身材修长，额上三道皱纹，长眉遮眼，深目尖鼻，高颧瘦腮，翘颌细颈，张嘴露齿，喉结突出，锁骨暴纹，身披袈裟，双手合掌举至胸前，头微微低下，双目下视。造像概括简练，轮廓线条明晰。以夸张的手法展现了一位睿智的苦修高僧形象。

64. 力士像　第 154 窟前壁左侧

第 154 窟位于西崖中部，北魏晚期开凿。为平面方形平顶窟，窟高 2.39 米、宽 2.78 米、进深 2.85 米。窟内正、左、右三壁正中各一坐佛，为三佛窟。正壁佛两侧各一胁侍弟子，左、右壁佛两侧各塑一胁侍菩萨，前壁内两侧各一力士。左侧力士高 1.31 米。额头刻皱纹，宽眉上翘，歪鼻，鼻尖翘起，豹眼，嘴歪向左边，大胡子向左撇，长颈，颈部筋脉凸起。帔帛覆肩，于体两侧下垂，右手握拳于胸部，左臂残。下穿裙，腰系带。身躯向左扭，动感强烈。

65. 弟子像　第 161 窟左壁

第 161 窟位于西崖中部，开凿于北魏晚期。平面方形平顶小窟，窟高 1.22 米、宽 1.23 米、残深 1.13 米。窟内泥塑一佛二弟子三尊像。此为左壁弟子，高 0.80 米。深目高鼻，粗眉，眼眶较深，颧骨略陷，为一老年形象。穿双领下垂僧衣，阴刻衣纹，双手笼于袖中拱手而立。

66. 供养比丘尼像　第 161 窟正壁左侧上部

第 161 窟原壁面及顶部绘制壁画，正壁壁画保存较好，绘于主尊两侧，上部绘比丘（右侧）及比丘尼（左侧），下部绘禅坐佛及花草。左侧上部绘三身侧身向佛而立的供养比丘尼像。第一身身穿白色衣，左手下垂提净瓶（香囊？）。第二身穿黑色僧衣，右手前伸端香炉。第三身灰色衣，手持物不明。下穿黑色或白色裙，面部均涂成黑色。

67. 女供养人　第 161 窟左壁上部

该窟内左壁上绘女供养人，下绘金刚力士。女供养人两身，前面一身较小，穿白色交领大袖襦，黑色袖边，下穿裙，白色云头履。后面一身较高，长发髻，穿交领襦裙，领边白色，襦为灰色，蓝、白裙，云头履，右手举长茎莲花，左手笼于宽袖中。人物脸部都为黑色。二人均右侧身跟随正壁的三身比丘尼面向正壁主尊。人物线条流畅，造型准确。周围绘有花草。后面较高的女供养人身后有白色竖长条形榜题框。

68. 第 43 窟　窟檐建筑　东崖下层　西魏

此窟外观作附崖的仿木结构建筑，三间，有单檐庑殿顶，前檐三间四柱，檐柱内有廊，前檐建筑通面阔 6.65 米。廊柱通高 2.70 米，柱高 2.20 米，断面八角形，半圆形柱础，柱顶上雕栌斗，栌斗上雕出阑额，每柱栌斗之上石胎泥塑摩尼宝珠及莲花，以上雕檐椽，残存屋顶上半部雕筒瓦瓦垄，脊上雕出平行线脚，鸱尾上翘，两鸱尾之间雕出树枝形饰物。格局严谨，装饰华丽。廊后凿一平面马蹄形穹隆顶敞口大龛，高 2.96 米、宽 3.40 米、深 1.90 米。龛内凿坛基，左右壁上方各凿一圆拱形浅龛。正壁下方向内凿出一通道，通入低矮的平面梯形盝形顶后室，高 1.73 米、前宽 2.50 米、后宽 2.15 米、深 3.20 米。本窟为麦积山石窟中最特殊和最有代表性的西魏崖阁式建筑。

69. 第 54 龛　西崖下部西侧

平面梯形，敞口斜顶龛，龛高 1.75 米、宽 1.37 米、深 1.15 米。龛内正壁留出通长佛座。西魏开凿，隋代重修。龛内塑一佛二菩萨三尊像，身体部分均为西魏原作，头部均为隋代重塑。主佛高 1.05 米，身穿圆领通肩袈裟，溜肩，衣纹为横向贯穿全身的阴刻 U 字形，这种衣纹在麦积山不多见，可见于巩县等石窟的东魏北齐造像。头部隋代重塑，低平肉髻，面形方圆，鼻翼较窄。左、右壁菩萨高 1 米，头为隋代补塑，头戴莲花宝珠宝冠，发际前突，面形椭圆，五官清秀。菩萨内穿三角形立领内衣，外穿对襟衣，裙裾覆脚。一手举莲蕾，或双手于腹部捧覆莲花。

70. 第 60 龛　西崖下层西侧

西魏开龛。平面长方形平顶龛，龛内正壁留通长佛座。龛高 1.48 米、宽 1.35 米、深 1.07 米。龛内泥塑一佛二菩萨三尊像，其中主尊头部及右壁菩萨隋代重塑。

71. 泥塑佛局部　第 60 龛主尊

佛高 1.26 米，隋代重塑佛头，低平肉髻，面形圆润，弯眉，长眼略下视，窄鼻，唇线分明。身体为西魏原作，溜肩，内穿僧祇支，外穿双领下垂袈裟，衣纹为稀疏的阴刻线。右手施无畏印，左手抚膝。禅定印，结跏趺坐。

72. 胁侍菩萨像　第 60 龛左壁

为第 60 龛左胁侍菩萨像，西魏原作，高 1.04 米。高发髻，发髻前饰花瓣，头发中分。面形清秀，细眉小眼，高鼻梁，抿嘴，颈细长。穿三角形立领内衣，外穿交领大衣，双手于腹部笼于袖中。帛带覆肩，长裙覆脚面。脚穿尖头鞋。菩萨整体造型清秀俊美，表现了麦积山西魏菩萨造像的典型特点。

73. 胁侍菩萨像　第 60 龛右壁

第 60 龛右胁侍菩萨，高 1 米。隋代重塑。发髻已残，头发中分。面形方圆，面带微笑，五官舒朗。颈戴尖形项圈，帔帛覆肩直垂至脚侧。斜穿内衣，腹部微鼓。裙腰外翻，腰带中垂。右手举于右胸前，左手于腹下部托宝珠。菩萨造型优美，装饰简练，衣纹稀疏，写实性较强。

74. 泥塑佛像　第 147 窟正壁　西魏

第 147 窟位于西崖东部，前部坍塌。窟高 1.07 米、宽（残）1.86 米、深（残）0.64 米。现存正壁龛，龛圆拱形，高 1.07 米、宽 0.86 米、深 0.36 米。龛内泥塑主尊佛，佛高 1.17 米。圆形螺髻，额际较平。有圆形毫光。五官集中。脖颈较长，穿双领下垂袈裟，阴刻衣纹。右手无畏印，左手降魔印。衣摆宽大，衣褶曲线流畅。

75. 佛局部　第 147 窟正壁

螺髻，前面多脱落，弯眉，高鼻梁，细眼下视，嘴唇略抿，面带笑意，面形清秀，五官秀美，塑做精美，是西魏沿袭北魏晚期秀骨清像风格的典型代表。螺髻形佛像在麦积山不多见，此为麦积山北朝造像中仅见的一例。

76. 佛像　第 146 窟正壁龛　西魏

第 146 窟位于麦积山西崖东部，西侧与第 147 窟相邻。窟前部塌毁，原形制不明。窟高 2.42 米、宽 2.77 米、残深 0.79 米。现存正壁，造像存正壁龛内主尊及龛外右侧菩萨。正壁龛为半月形，高 1.75 米、宽 1.47 米、深 0.49 米。龛内泥塑主尊佛高 1.24 米，柱状磨光高肉髻，面形长圆，下颌略尖。穿双领下垂袈裟。右脚露出，将宽大的衣摆分成八字形，衣摆底部较平。

77. 泥塑菩萨像　第 146 窟正壁龛外右侧

此为该窟正壁佛的右胁侍。菩萨高 0.93 米。身躯向前倾斜，低头下视。高发髻亦前倾，束发箍。发际中分，宽额，低首，面带笑意，五官清秀。内穿高领内衣，外穿交领上衣，帔帛覆肩及上臂。右手于胸前握莲蕾，左手下垂握衣带。衣饰施朱红彩。

78. 第 44 窟　东崖西部

西魏代表洞窟，平面方形四角攒尖顶窟，前部崩塌。这是麦积山现存较早的四角攒尖顶窟。窟高 2.4 米、宽 3.1 米、残深 1 米。现存正壁龛，圆拱形，龛高 1.46 米、宽 1.26 米、深 0.48 米。龛外两侧各塑一胁侍菩萨，左壁残存一弟子像。龛内右壁残存壁画供养菩萨像。

79. 佛像　第 44 窟正壁龛内

泥塑坐佛高 1.56 米，漩涡纹高肉髻，椭圆脸，五官清秀，双眉细长，双眼秀而细长，俊鼻小嘴，丰颊玉颌，肌肤细腻光洁。内着僧祇支，束带打结，胸口绘有“卍”符号，外穿褒衣博带袈裟，身体微微前倾，低首下视，结跏趺坐，手施无畏与愿印。结跏趺坐于工字形须弥座上，三层衣摆呈八字形分两瓣向两侧撇开。垂于膝下的悬裳裙裾衣纹写实流畅，衣褶分明，质感厚重。造像整体比例准确，线条简练，造型优美，艺术水准极高。

80、81. 菩萨像　第 44 窟正壁龛外两侧

正壁主佛两侧各有一胁侍菩萨，左菩萨高 1.32 米，右菩萨高 1.36 米。戴宝冠，戴宽边桃形项圈，上身袒，有帔帛，下着裙。 左菩萨帔帛于腹部交叉穿壁。右胯部悬挂装饰性的玉环。左手下垂提如意头，右手屈肘于腹部，腿下部及双脚残。右菩萨袒上身，发辫分数绺垂于肩头，裙腰外翻刻成弧形花边。左手于胯部提净瓶，右手于腿外部握飘带。帔帛厚重，于两侧弯曲下垂，动势明显。

82. 弟子像　第 44 窟左壁后部

左壁为一弟子像，高 1.4 米。面形方圆，身穿双领下垂袈裟，双手合十而立，着长裙，穿方头履。神情宁静安详。

83. 佛坐像　第 102 窟正壁　西魏

第 102 窟位于西崖西上区第二层栈道上。平面方形，四角攒尖顶窟。窟内造像主要有正壁主尊及两侧壁文殊和维摩诘像，造像依据《维摩诘经》而作。正壁主佛高 1.52 米，阴刻漩涡纹高肉髻，面形方圆，五官清秀，表情祥和。身穿双领下垂袈裟，内着僧祇支，腰系带。双手施无畏与愿印，手指残损，结半跏趺坐于工字形台座上，衣摆呈八字形分两瓣下垂，厚重而有立体感。造像整体厚实、大气，与第 44 窟造像极为相似，应系同一批工匠所做，代表了西魏造像的最高水平。

84. 文殊菩萨像　第 102 窟右壁

倚坐式，高 1.15 米。高圆发髻饰以三叶宝冠，发线中分，嘴唇微张，宝缯和发辫自两肩自然下搭，戴桃形宽边项圈。外着帔帛，自手臂下绕，两道飘带在腹部穿环后自然下垂。手腕戴镯，左手沉腕提如意头于腹前，右手捏自腰侧下垂的环饰。造像华贵不俗，线条层次有致，繁而不乱，形象生动，细节讲究。

85. 维摩诘像　第 102 窟右壁

维摩诘像与右壁的文殊菩萨像相对而坐。高 0.93 米，头戴高卷荷帽，宽额长眉，双目有神，原本插上去的胡须因年代久远现仅存毛孔可辨。内穿圆领内衣，中衣胸前打结，外穿双领下垂长袍，左手抚膝，袖口上卷至上臂，右手屈肘于胸前，手已缺失。造像精气神十足，洒脱而不拘细节，反衬出其学识渊博和机智自信。

86. 胁侍菩萨像　第 102 窟

菩萨像现放置于该窟正壁与左壁相交处，可能为正壁佛之胁侍像。残高 1.26 米，戴三叶宝冠，发线中分，面形饱满圆润，表情含蓄。内衣在胸口呈 V 字形，帔帛自腹部穿环相交后下垂，交领长衫自腰部束带，长裙及地，衣摆向右侧偏摆。左手屈肘贴于胸前，右手下提如意。造像姿态优美大方，动感丰富。

88. 第 123 窟　西崖西上区最上层

第 123 窟为西魏代表洞窟之一，平面方形平顶窟，三壁三龛。造像表现《维摩诘经·问疾品》内容。共有造像九身，正壁龛内塑释迦牟尼佛说法，龛外两侧塑胁侍菩萨各一，左壁龛内塑维摩诘，龛外塑胁侍一弟子一童女，右壁龛内塑文殊菩萨，龛外两侧塑胁侍一弟子一童男像，以塑像的形式表现《维摩诘经·文殊问疾品》，这是麦积山石窟维摩诘变的特点。造像生动秀美，保存完整。

87. 弟子像　第 102 窟

像高 1.12 米，原在窟内的位置不清，现存放于麦积山石窟艺术研究所文物库房。该弟子为一青年阿难形象，面部含笑，表情自然，内着僧祇支，在胸前以带相连，外穿袒右袈裟，衣纹简洁流畅。双手置于胸前，左手持钵。

89. 佛坐像　第 123 窟正壁

佛高 1.18 米，塑于浅龛内，高圆肉髻，面形方圆，颔首，双耳较小。身穿双领下垂袈裟，内着僧祇支，腰系带，双手施无畏与愿印，半跏趺坐，衣摆呈八字形下垂于龛下，衣裾底端较平，袈裟厚重，富有装饰性。厚重的衣饰及略带丰满的面颊与第 44 窟造像有较大的关系。

90. 维摩诘像　第 123 窟左壁龛内

像高 0. 87 米。头梳半圆形发髻，头略前倾，表情安详。身穿双领下垂宽博外衣，衣纹稀疏简洁。左手抚于腿部，右手上举胸前。造型清俊，与对面文殊菩萨相对而坐，显得机智而从容。

91. 文殊菩萨像　第 123 窟右壁

高 0. 87 米，塑于浅龛内，与左壁的维摩诘相对。戴冠，双目下视，下巴略尖，发辫和宝缯自两肩下搭，着帔帛，身穿交领衫，腰束带，衣摆自然下覆。右手举于腹前，左手为宽袖所掩置于腿上。龛内彩绘同心圆头光，衣饰表面施蓝、绿等彩，肌肤涂白粉。

92. 菩萨与弟子像　第 123 窟正壁左侧和左壁右侧

菩萨为正壁佛左侧胁侍，高 1.16 米，弟子为左壁维摩诘的右胁侍，高 0.96 米。菩萨头戴花冠，身穿交领宽袖长袍，衣摆及地，与正壁右侧菩萨相对而立，双脚残缺，造型风格大体相近。弟子为一稚气十足的年轻阿难形象，面形饱满圆润，憨厚可爱，衣饰与对面的迦叶一致，脚穿圆头鞋。

93. 菩萨与弟子像　第 123 窟正壁右侧和右壁左侧

菩萨为正壁佛之右胁侍，高 1.2 米，高髻分叉，束发箍，衣饰与右壁文殊菩萨大体一致，左手贴于腹部，右手藏于衣袖下贴于腿侧，双脚残损。弟子为右壁文殊菩萨的左胁侍，高 0.96 米，为深目高鼻、面相清苦的迦叶像，内着僧祇支，身穿双领下垂袈裟，双手笼于袖中，长衫及地，脚穿尖头鞋。

94. 童男像　第 123 窟左壁前部

左壁维摩诘胁侍一童男，高 0.95 米，圆塑，头戴圆形瓜皮帽，脑后垂辫。眉宇疏朗高耸，双眼细长，高鼻，抿嘴，略带笑意。身穿圆领窄袖胡服，双手笼于袖内，足登尖头靴。造像淳朴，表现了一位虔诚信佛的世俗少年形象。

95. 童女像　第 123 窟右壁前部

右壁文殊菩萨胁侍童女，高 0.96 米，头梳双鬟髻，面形甜美稚嫩，戴项圈，身穿束腰高裙，裙裾覆脚。造像表现了一位端庄秀美的世俗少女形象。将世俗人物作为胁侍，充分体现了麦积山北朝晚期造像的世俗化特点。

96. 石雕佛坐像　第 117 窟　西魏

造像高 0.88 米、宽 0.45 米，背光部分残损，磨光高肉髻，内着僧祇支，外穿双领下垂袈裟，结跏趺坐于工字形佛座上。背光右侧浅浮雕一弟子像，其左侧的已残。这种身光上有二弟子像的做法在麦积山始于西魏，北周流行。造像上的色彩大部分保存完好。

97. 弟子像　第 117 窟石雕坐佛背光内

弟子面容饱满，侧身，头略上扬凝望着佛，似在聆听教诲，袈裟衣纹刻画较深，左手下垂提净瓶，右手于胸前持一圆形盒状物，浮雕圆形头光。

98. 三佛　第 133 窟 16 号造像碑中栏　西魏

第 133 窟保存了十余通造像碑，此为第 16 号碑，通高 1.80 米、宽 0.90 米，此画面为碑刻的中栏部分，表现了三佛在帐形大龛内说法的场景。中间弥勒善跏趺坐，两侧佛身姿微向中侧，双腿掩盖在袈裟之下。三佛均为磨光圆髻，身着双领下垂袈裟。袈裟下摆部分的雕刻处理尤为细致，将衣褶的曲折往复表现得流畅自如，有极强的质感。此三佛的尊格，可能是三世佛，将倚坐弥勒放置在中间，突出了对未来弥勒佛的信仰。也可能是弥勒三会说法的场景。

99. 坐佛及菩萨像　第 127 窟正壁龛内

第 127 窟位于西崖上层。平面横长方形盝顶窟，三壁三龛。窟高 3.94 米、宽 8.56 米、深 4.65 米。正壁龛内一佛二菩萨为石雕，造像精美。两侧壁龛内各一佛二菩萨为泥塑。窟顶及四披和四壁满绘壁画。正披及左右披绘舍身饲虎本生，前披绘睒子本生，正壁绘涅槃变，左壁绘维摩变，右壁绘西方净土变，前壁上部绘七佛，前壁下部绘地狱变“十善十恶”。该窟为麦积山现存壁画最多最为丰富的洞窟，大型成熟的经变画的出现，对于研究北朝时期经变画的发展演变具有十分重要的价值，也影响了隋唐时期大型经变画的发展。

其中正壁龛为石雕一佛二菩萨，单独雕刻。佛像通高 1.03 米，为西魏造像的代表作。佛结跏趺坐，漩涡纹高肉髻和发纹，与西魏典型造像第 44 和第 102 窟的佛像相同。长圆脸，面带笑容，双领下垂袈裟，双手作降魔与愿印。腰系长带。衣摆分三瓣自然下垂，衣纹流畅。背光及头光内雕刻伎乐天，细致精美。该组造像不同于左右壁龛内的泥塑造像，是事先雕刻好后嵌入龛内，说明其应来源于外地。龛外两侧壁面壁画均是向中间龛的供养者，其中有骑马的形象，说明此龛的功德主地位较高。

100. 石雕佛像局部　第 127 窟　西魏

正壁龛内佛头光部分的雕刻尤为精美，在圆形的画面中，分三层进行构图：中心为规整的莲花图案，其次为忍冬纹样，枝蔓呈“S”形自由曲折。最外为十二身飞天，以正中的小莲花化佛为中心，两侧各六身，或手持供品，或弹奏乐器，气氛欢快祥和。飞天的衣带部分向外飘扬，和同时期的火焰纹背光在整体形象上极为相似，使画面充满了一种跳动疏放的旋律。

101. 菩萨像　第 127 窟左壁龛左侧　西魏

左壁龛主佛左侧胁侍菩萨，高 1.50 米。菩萨束“丫”形高髻，发辫从耳后下垂并分披于两肩，略颔首，颈戴宽大项圈，袒上身，下着长裙，帛带在膝前作“X”形交叉。整个身体向佛倾斜，右手持一长方形盘，盘中有供品，左手于胸前作示礼状。

102. 菩萨像　第 127 窟左壁龛右侧　西魏

左壁龛佛右胁侍菩萨，高 1.47 米，菩萨束髻，戴马弁冠，余发后披并结辫从耳后垂至双肩，袒上身，下着束腰长裙，跣足立于圆形台上。双目细长，面含笑意，左手上举作向佛请示状，右手下垂持帛带。造像风格俊秀，为典型的秀骨清像作品。

103. 维摩变（局部） 第 127 窟左壁　西魏

第 127 窟左壁上部绘维摩变，宽 4.48 米、高 2.30 米，以问疾品为主，画面右侧为文殊菩萨，其上有华盖，两侧有弟子及信众；中央大树下有吉祥天女飘然而至，衣带当风飘舞，身姿清秀洒脱。整幅壁画绘制技艺精湛，是早期经变画中的优秀作品。是北朝壁画中比较成熟的维摩诘经变画，表现了《问疾品》《观众生品》等内容。

104. 听法信众　第 127 窟东壁维摩变之局部　西魏

该幅壁画在维摩变中文殊菩萨下方，应该是听法的信众，人物附近有麈尾和伞盖，是属于比较高级别的人物，可能是国王与皇后。其中一身面向文殊菩萨，身穿广袖束腰袍服，手臂外展，并有侍女搀扶，显示出其与众不同的地位与身份。

105. 睒子本生（局部） 第 127 窟前披　西魏

第 127 窟前披绘大型睒子本生故事画，宽 4.61 米、高 1.30 米，以长卷式的表现方法绘制了出行、狩猎、误射、探望、天神救睒子等情节，此为出行的部分。画面以一车辇为中心，四周有许多送行的官员、侍从等，后方有树木、山石等作为背景。场面盛大，人物众多，但画面布局合理紧凑，远近层次分明，显示出古代匠师高超的构图技巧。

106. 车辇图　第 127 窟前披睒子本生局部　西魏

车辇图是睒子本生故事中出行部分的中心构图，车为双轮，前有四根车辕，可以看出此车是由三匹马驾驭的，车上有华盖，车后有旗帜，从这些特点判断应该是属于高级别的车辇形制，对研究北朝时期的车辇形制以及出行礼仪等都有重要的价值。

107. 睒子本生故事之草庐探望　第 127 窟前披　西魏

草庐探望部分安排在整个画面的右侧，是本故事画中最核心的部分。画面中两个草庐为睒子盲父母居住之地，国王等一行人在误射睒子后受睒子的嘱托来探望在草庐中修行的盲父母，睒子父母听到悲讯后伤心欲绝，呼天抢地。周边的树木也在大风中摇曳不止，充满了悲切与沉痛。

108. 射猎　第 127 窟睒子本生之局部　西魏

位于睒子本生故事画的中央部分，画面中的人物头顶小巾，上身着两裆衫，下穿紧身长裤，在奔跑中指挥着猎犬追逐野兽，动感极强。画面以平涂的手法来表现山峦，用转折勾线方法来表现山石，在绘画表现方法上也有着自身的特点。

109. 射猎　第 127 窟睒子本生局部　西魏

在山川之中，有矫健的战马、奔跑的猎户、追逐中的猎犬、慌忙逃命的野兽，一幅紧张激烈的射猎场景。

110. 飞天　第 127 窟窟顶　西魏

壁画位于第 127 窟窟顶位置，整幅表现的内容尚有争议，或说帝释天，或说东王公。此飞天处于壁画的前方，具有导引的作用。菩萨戴高冠，颈有佩饰，天衣飞扬，足下有大莲花。整个身姿呈虚空飘扬之态，有着极强的动感。色彩以石绿、石青和白色为主。

111. 西方净土变　第 127 窟右壁上部　西魏

整幅壁画宽 4.55 米、高 1.63 米，是我国石窟中最早的大型西方净土变壁画。阿弥陀佛居中端坐于殿堂之内，前有宽阔的广场，殿堂两侧有听法的弟子与信众、奏乐的伎乐等，广场两侧有高大的树木和对峙的双阙。一幅祥和欢快、歌舞升平的佛国场景。画面布局紧凑，具有透视感，受南朝造像碑中画面布局的影响。此经变画对于净土变的发展演变有极重要的价值。

112. 舍身饲虎本生　局部　第 127 窟窟顶东披　　西魏

第 127 窟窟顶东披、正披及西披绘萨埵舍身饲虎本生。三兄弟告别父母出宫游玩与二兄返回报信、父母闻噩耗后闷绝倒地安排在同一披面中，紧凑地组合在一起，表现了故事开头欢乐的场景与悲剧发生后的急剧变化，故事情节在画面中表现得起伏跌宕，生动而极富戏剧性。宽 3.80 米、高 1.48 米，以高空鸟瞰图的方式表现了一座北朝城池的全景，城池四边居中开门，并有城楼、城阙等；城内另有宫城，其中有一对霤大殿。此壁画对研究北朝时期的城池、建筑等有重要的价值。据画面分析，此幅萨埵本生当依据北凉昙无谶译《金光明经》卷四《舍身品》而绘制。

113. 舍身饲虎本生　局部　第 127 窟西披　西魏

右披部分集中表现太子跳崖后饿虎及众虎子啖食太子尸体的情节。虎共 16 只，数量比佛经记载的多，为艺术家的创作成分。虎分两组，各围成一个圈。上面一组虎围绕着太子尸体，但均因饿乏无力，显出无可奈何的神态；而下面的一组虎则纷纷张开大嘴，似在撕咬尸体。两组虎表现了佛经中众虎啖食太子尸体的两个过程，同图异时的表现手法是佛教故事画常采用的手法。每组虎旁边各绘一组树木，树干直挺，树冠为绿色，略有摆动。画面布局紧凑集，色彩浓厚，为麦积山北朝为数不多的大型本生故事画，十分珍贵。

114. 舍身饲虎之回宫报信（局部）　第 127 窟东披　　西魏

萨埵太子舍身饲虎之后，大王子和二王子慌忙乘骑飞奔回宫报信。画面中一匹黄马和一匹黑马，四蹄腾空，从右向左飞奔在城外，马上的王子右臂向后似在使劲抽鞭驱马，惊慌之态跃然于壁面上。作为配景的树木枝缕分明，表现出极高的绘画技艺。

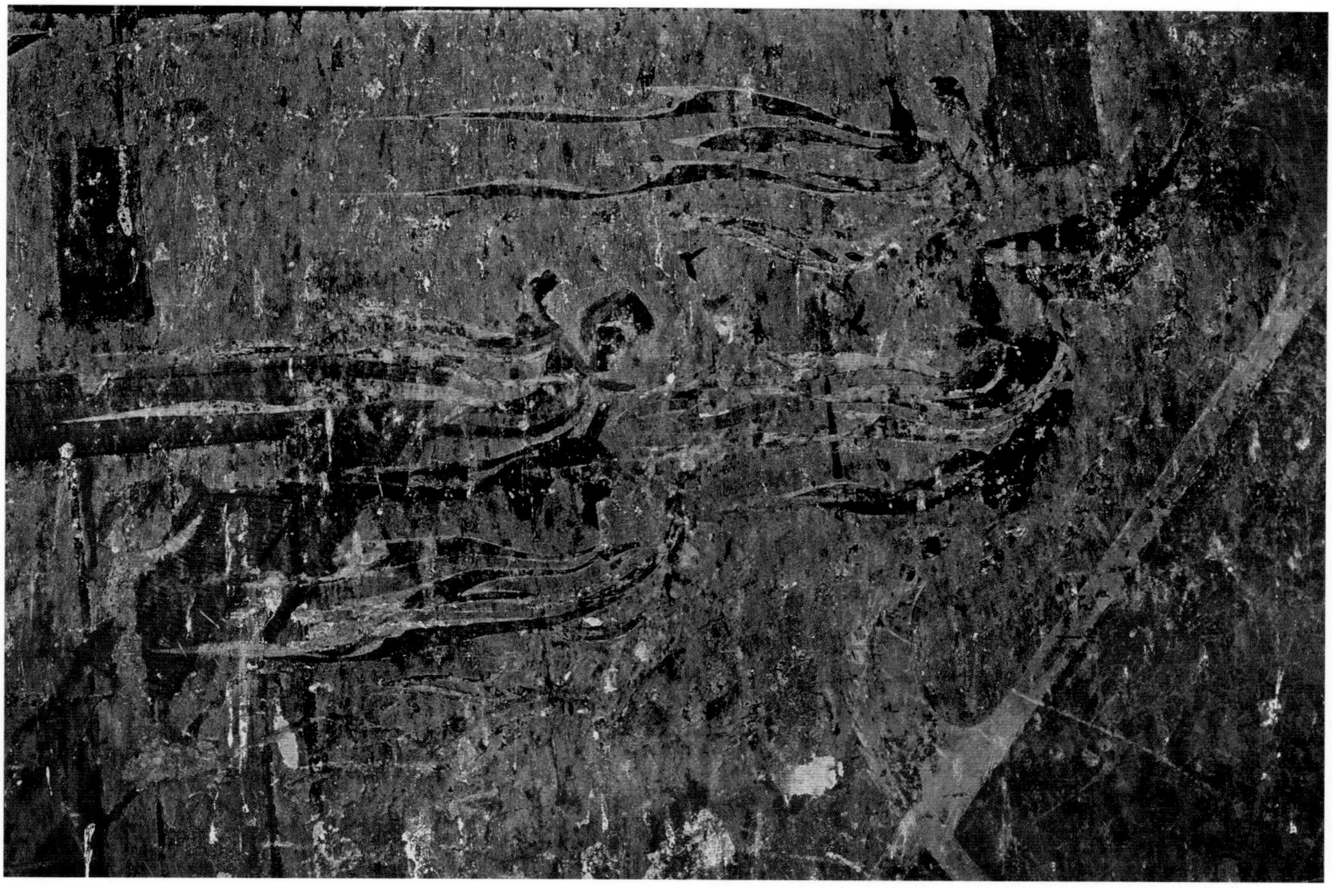

115.“十善十恶”图局部之升天图　第 127 窟前壁右侧　西魏

第 127 窟前壁门两侧分别绘“十善十恶”图及地狱变。“十善十恶”绘于前壁右侧。壁画旁有“此人行十善得参道时”“诸天罗汉迎去时”的墨书榜题。画面中一头戴纱笼冠的女性在数身飞天的导引下向天界飞升。受持十善曰十善戒，是大乘之在家戒。《受十善戒经》宣扬“若有受持十善戒，破十恶业，上生天上为梵天王，下生世间作转轮王，十善教化，永与地狱三恶道别，譬如流水至涅槃海。若有毁犯十善戒者，坠大地狱经无量世受诸苦恼”。这些扬善惩恶的因果报应思想与壁画的内容基本相符，并与前壁门左侧的“地狱变”相联系。

116. 战马图　第 127 窟窟前壁右侧下部　西魏

绘于窟内前壁右侧地狱变十善图的下部。一武士身穿铠甲、背负箭箙，骑在一匹红色战马上，挥起左臂，在奔驰的战马上向其他人物打招呼。战马臀部浑圆，四蹄劲健，是对当时军中良马的真实刻画。这匹红色战马的后面还有数匹红马相随，红色是地狱的象征，他们围绕将得恶报之人。

117. 供养比丘　第 127 窟前壁门上七佛图局部　西魏

七佛图绘于第 127 窟前壁窟门上方位置，长 8.22 米、高 1.47 米，并列七身坐佛，身侧各有菩萨和比丘或金刚力士。此为左起第二和第三身佛之间的比丘。前一身比丘侧身向后，似乎在询问后侧比丘。而后一身比丘则俯首闭目，双手合十于胸前，正在虔心向佛。由于这两身比丘身姿有窈窕之态，故有学者认为其身份是比丘尼。

118. 一佛二菩萨像　第 135 窟正壁龛内　西魏

第 135 窟位于西崖上部，为平面横长方形平顶大窟，窟内正、左、右三壁原各开一圆拱形龛，前壁门顶上方凿出三个略呈“品”字形排列的明窗，顶部门壁上方凿一半圆形凹槽。窟高 4.65 米、宽 8.84 米、深 4.71 米。窟形及窟内壁面布局及壁画与第 127 窟大体相同。隋代在正壁正中龛两侧各加开一龛。该窟的开凿年代，一说北魏晚期，一说西魏。

正壁中间龛一佛二菩萨组合，主佛通高 1.65 米。顶作高肉髻，弯眉细目，眉间有白毫，面形略长，面带笑容，亲切和蔼。细颈削肩，内着僧祇支，腰束带，外穿双领下垂袈裟，衣角搭于左臂，双手施无畏与愿印，结跏趺坐于方形台座上，衣摆下覆于佛座前，层叠厚重，装饰性强。菩萨高 1.39 米，两身菩萨衣饰繁多华贵，均身体微侧，头部略前倾向佛而立。

119. 胁侍菩萨像　第 135 窟正壁龛内左侧

高 1.38 米，顶束扇形高发髻，发线中分，面形上宽下窄，宽额瘦颊，微微睁开的双眼加上轻轻开启的双唇，流露出会心的微笑。发辫和宝缯自两肩下搭，身穿三重衣，腰束带，外着帔帛，飘带及地，足蹬云头履，贴壁微微前倾俯视而立，左手下提如意，右手抚于胸前。

120. 一佛二菩萨像　第 135 窟左壁龛内

第 135 窟左壁龛内一佛二菩萨像，塑于圆拱形浅龛内。主佛高 1.35 米，顶作高肉髻，眉间有白毫，面相细长俊秀，面带微笑，微微向前俯视。内着僧祇支，外穿双领下垂袈裟，衣角搭于左臂，双手施无畏与愿印，半结跏趺坐于方形台座上，衣摆分两大瓣下覆佛座之前，衣纹对称而富有韵律感。

121、122. 胁侍菩萨像　第 135 窟左壁龛内

左壁龛内左右侧胁侍菩萨均高 1.16 米，面形长方，下颌略尖，身体较为扁平，头顶发髻已残，戴宽边项圈，身穿交领长衫。肩搭帔帛，自腿部两道相交，右手举于胸前，左手下提如意，足蹬云头履，身体微微前倾而立。二者相对虔诚而立，表情恬淡，体态略微扭动，富有动态。

123. 涅槃变之八王争舍利　第 135 窟正壁上部

第 135 窟正壁上部绘大型涅槃变，画面多剥落。中间龛与右侧龛之间上方绘八王争舍利的战争场面，画面左侧骑兵正在跃马冲锋，画面右侧步兵高举盾牌抵御进攻。一攻一防，将我们带到了厮杀震天、战鼓齐鸣、利箭遮天划空疾射、刀枪相击火花四溅的古代战争场景。画面以点带面，线条夸张有力。

124. 立佛像　第 135 窟内

第 135 窟中央靠近左壁的位置，为一组石雕一佛二菩萨三尊像。佛高 2.38 米，漩涡纹高肉髻和发髻，面形方圆，表情自然恬淡，肩宽而浑圆。内着僧祇支，中衣在胸前打结相连，外穿双领下垂袈裟，右领搭于左臂，左手施与愿印，右手屈肘向前，手已缺失，跣足立于莲台之上。造像体型高大，雕刻精细，刻画到位，衣纹表现手法多样，真实自然。为麦积山少数北魏单体圆雕造像之一。

125. 佛手　第 135 窟石雕立佛局部

为了防止手掌和手指脱落，作者巧妙地在左手拇指与食指之间，以及手背与衣袖之间各雕刻一个莲蕾，即可起到支撑保护作用，又可以点缀装饰，也由此可以看出该造像制作之精细，构思之巧妙。

126. 石雕菩萨像　第 135 窟立佛左侧

菩萨像残高 1.26 米，头部缺失，上身袒露，戴忍冬形项圈，帔帛搭肩，璎珞自腹部交叉穿环。腕带镯，左臂屈肘于腹部，左手提如意，右手拈花上举，贴于胸前。双手雕刻饱满圆润，手指纤细柔美。下着长裙，裙腰折叠系带。跣足立于圆形莲台上。造像装饰华丽，衣饰贴体，雕刻精美，富有动感。

127. 佛龛　第 22 窟正壁　北周

第 22 窟位于东崖中部，原为平面方形平顶窟，现存正壁。正壁开圆拱形龛，龛楣两端浮塑云头纹饰，地面作低坛基，左、右壁均已坍塌。窟高 2.30 米、宽 2.35 米、残深 0.75 米，龛高 1.30 米、宽 1.20 米、进深 0.63 米。龛内佛高 1.50 米，低平肉髻，面相方圆，额刻白毫，内穿僧祇支，外穿低垂领通肩袈裟，衣纹为稀疏的阴刻线。双手作无畏与愿印，手指以铁条为筋。结跏趺坐于束腰须弥座上。衣裾分两瓣弧形垂下，流畅自然。造像敦厚圆润，表现了麦积山北周造像“珠圆玉润”的特点。

128. 弟子像　第 22 窟龛外左侧

正壁龛外两侧原各塑一胁侍弟子像，现存左侧弟子，身高 1.10 米，面部圆润，头微向佛侧，双目细长，平视前方。内着僧衣，外穿袈裟。左手于腹上部握衣角，右手下垂屈指提香袋。造像风格简练，表现了一位年轻聪慧的弟子形象。

129. 坐佛像　第 18 窟正壁主尊　隋代

该窟前部在地震中坍塌，仅存后部。原窟形不明。窟高 1.62 米、宽 1.14 米、残深 0.68 米。造像仅存正壁泥塑主尊，高 1 米。低平圆髻，头略低，双眉入鬓，双目细长，神情沉静安详。颈部刻两道褶纹。内穿僧祇支，腰系带。外穿双零下垂袈裟，袈裟外又披偏衫。这种做法在麦积山北周至隋代造像流行。衣纹为流畅的阴刻线。右手残，左手于腹前拇指与食指相捻，另三指弯曲，手指匀称，手背饱满，质感极强。造像下部残破。

131. 第 4 窟　前廊　北周

麦积山位置最高和规模最大的窟，又称散花楼、上七佛阁。平面长方形单檐庑殿顶式崖阁，前廊后室结构。全长31. 4米，雕凿精致，宏伟壮丽。前廊原由顶部平棋及八根石雕八棱立柱组成，后室为七个并列开凿的平面方形四角攒尖顶仿木构窟，窟门为浮雕仿帐式结构。据碑记为北周大都督李允信为其亡父修凿的“七佛龛”，北朝文学家庾信为之作铭，在中国古代建筑史研究中占有重要地位。现存圆雕和石胎泥塑 85 身，七龛主佛构成七佛，历经唐、宋、明、清重修或重妆，各龛内现存影塑 700 余身，均为北周原作。前廊平棋顶 42 块，绘制壁画。每龛上方采用绘塑结合而成的“薄肉塑”伎乐天在国内石窟造像与壁画中独一无二，是麦积山壁画精品。

130. 立佛像　北周

石雕。原置于第 47 窟。残高 1.1 米，莲瓣形头光上部略残，其上浮雕莲瓣。莲瓣形低宝冠，宝缯自两侧曲折下垂。面形圆润，表情祥和，颈戴宽边项圈，上身着帔帛，腰束带，下着长裙，璎珞自腹部穿环后顺两腿下垂上卷回环，右手屈举拈花，左手提装饰带环，跣足立于圆形莲花台座之上。该菩萨身材比例适中，雕刻精美细致，有圆润敦厚之美。

132. 天龙八部之一　第 4 窟　北周（宋重修）

天龙八部塑作在第 4 窟各帐形龛外，以高浮雕的手法表现了八身孔武有力的造像，表层虽然经宋代重修，但基本的风格面貌未有大的改动。此身造像束发髻，浓眉圆目，阔鼻大嘴，面部肌肉隆起，上身袒露，右手于胸前持法器。从内至外透露出一种强劲的力量感。

133. 天龙八部之二　第 4 窟　北周（宋重修）

天龙八部目前均未确切定名，仅此身有学者依据虎头帽的形象认为是摩睺罗迦，虽然身体的大部分残损，但是对面部五官以及肌肉感的刻画在此组造像中比较突出。

134. 薄肉塑伎乐天　第 4 窟第 3 龛外上方　北周

第 4 窟每龛外部上面均有一组飞天组画，共七组，每组四身，两两相对飞翔。每组画面 6 平方米。其中五组为“薄肉塑”飞天，即人物脸、手臂、足等肌肤所露部分以细泥浮塑，飘带、乐器、衣裙及周围花饰以绘画表现，是绘塑结合表现人物的特有技法。此为第 3 龛外上方的一组，四身伎乐天两两相对飞行。天人分别演奏琴、笛、阮咸和笙。姿态各异，身姿曼妙。

135. 薄肉塑伎乐天局部　第 4 窟第 3 龛外上方　北周

第 3 龛上方一组的弹阮咸飞天，戴花冠，面形圆润，双手抱阮咸弹奏，肌肤细腻，手指轻柔，动感强烈。双足从身后壁画的衣裙中露出，似脱壁而出，具有一种奇特的艺术效果。

136. 薄肉塑伎乐天局部　第 4 窟第 3 龛外上方　北周

为第 4 龛外上方一组伎乐天右上方一身的局部。双手手指薄泥塑出，手执笛，手指作弹拨状，嘴略抿，上唇突出，下唇向内凹，作吹笛状。

137. 薄肉塑伎乐天　第 4 窟第 4 龛外上方　北周

第 4 龛上方的一组薄肉塑伎乐天现残存下部两身，相向执香炉而飞。伎乐天人戴小冠，侧脸，面圆，高鼻，飘带向后环形飘扬，下穿裙，双脚外露。中间绘装饰性的花及草叶。身体下方及身后绘流云，衬托飞动的天人身体。

138. 薄肉塑伎乐天局部　第 4 窟第 4 龛外上方　北周

此身伎乐天为第 4 龛外上方一组的右下方一身，侧身横向飞行。头戴花冠，高鼻，浓眉大眼，阔嘴，嘴吹笙管，双手捧笙斗。笙用壁画绘出。袒上身，颈戴宽项圈，臂戴钏，腕戴镯。项圈、臂钏、手镯均以绘画形式表现，颜色为淡灰色。飘带用黑色绘出，绕臂向斜后方飘扬。腹部微鼓。下穿黑色裙，左腿折叠于臀部，左脚从裙裾中露出，以薄泥塑出，脚趾饱满。右腿向斜上方伸。身体下方及后方绘流云。

139. 壁画　第 4 窟前廊平棋　北周

第 4 窟前廊顶部共 42 块平棋，均绘壁画。此图为西侧后部第二块。画面中心绘一穿高领襦服的贵妇人坐于牛车内，周围骑马侍从护卫。白底上以赭红、石青、黑施色，色彩浓厚，画面气氛隆重，可能表现佛传中释迦太子诞生后母子回宫的情节。其中前部的红色马采用透视的画法，生动地表现了人物和动物在行进中的动态。为麦积山北周绘画的精品。

140. 壁画　第 4 窟第 7 龛外上方平棋　北周

第 4 窟第 7 龛外侧上方平棋内壁画，描绘在一个庭院之中一群人聚集在一起，门口也有一排人，光脚而立，有的人物上身着帔帛，飘带摆动，下身穿短裤。有的人身穿胡服，腰系带。庭院外围还有执盾拿矛的武士。画面颜色虽经千年却依然鲜艳。建筑透视合理，比例精准，是研究当时建筑形制的珍贵壁画资料。画面人物众多却排列有序，人物姿态变化多端，空间分布错落有致。画面中心部位残破。

141. 壁画力士像　第 4 窟第 7 龛外上方平棋局部

第 4 窟第 7 龛外侧上方平棋内壁画局部。画面上的两个武士上身着帔帛，飘带摆动，下身穿短裤，光脚执盾，小步在殿外移动。人物造型的勾勒简单到位，色彩浓厚，前一身肌肤所露部分以赭红彩涂染，帔帛、飘带为白色和褐色，短裤涂以黑彩。后一身肌肤涂以白色，飘带以黑色涂染，短裤则涂成褐色。

142. 赴会图　第 4 窟第 2 龛外侧上方平棋内　北周

菩萨弟子赴会图，共有菩萨、弟子及天人十七身。前方四身飞天手托雀尾炉，迎风飞行，衣带招展飘逸，香气四散。中间的一身菩萨，脚踩莲台，周围众弟子和菩萨环绕而行，画面上下祥云飘动。人物袈裟穿着方式有通肩、袒右和双领下垂，造型多变，姿态各异，上下高低错落。画面构图疏密结合，间以莲花和祥云点缀，从而使整个画面呼之欲出，如临其境。

143. 佛与菩萨　第 12 窟正壁　北周

第 12 窟为北周开凿的小型洞窟，四角攒尖顶帐形洞窟，主要造像为七佛，布局紧凑合理。正壁主尊佛塑于龛内，两侧胁侍二菩萨。佛低平肉髻，面形方圆，身躯丰壮，双手抚于胸部。穿双领下垂袈裟，外披偏衫，衣纹简单疏朗，衣裾圆弧形垂于座前。二胁侍菩萨侍立于龛外，戴三珠宝冠，面庞圆润娇美，身挂长璎珞，一腿略屈站立，神躯略扭。双手丰腴圆润，手捧供物。该组造像十分娴熟地表现了北周造像“珠圆玉润”的特点。

144.《法华变》 第 27 窟顶部正披　北周

第 27 窟位于东崖中部，三壁七龛七佛窟，四角攒尖顶，窟前部塌落。窟高 3.25 米、宽 3.33 米、残深 2.05 米。窟顶绘《法华经变》，正壁保存较好。左段以山林中的二佛并坐说法图为中心，环列菩萨、比丘、护法天王等数十身，表现《见宝塔品》。其中出现了趺坐于地面闻法的弟子众，可能是表达《授记品》中释迦佛为弟子们授记的情景。正披右侧的城景表现《化城喻品》的内容。法华经图像是北朝佛教造像的主流，法华思想影响着北方地区大部分的佛教石窟和造像。具有多品的《法华经变》则以麦积山第 27 窟的这铺经变为早。

145. 弟子像　第 12 窟　北周

第 12 窟前壁门两侧各塑一站立弟子像，此为右侧一身，高 0.9 米。弟子光头，面庞丰圆，浓眉弯曲，双眼微开下视，高鼻小嘴。短颈圆肩，穿偏袒右肩僧衣，衣饰厚重，衣纹简单。双手前后相握从衣领中露出，手背圆厚，手指匀称，极为生动。造像表现了虔诚的年轻僧人形象，是北周造像最富活力的代表作品之一。

146.“涅槃变”之最后说法　第 26 窟顶部正披　北周

第 26 窟与第 27 窟相邻，两窟为同时开凿。亦为七佛窟，正壁一龛一佛，两侧壁坛基上各三佛，前部坍塌，现存四佛二菩萨。窟顶绘“涅槃变”，人物众多，场面宏大。正披左侧画娑罗双树间释迦最后说法，右侧为殓入金棺并为迦叶现足和商办阇维 (火葬、入殓)。上部画飞天。窟顶两侧披残存部分，可见弟子、菩萨、善男信女、天龙八部作最后供养，以及起造舍利塔等情节。最后说法中，背景为干枯的娑罗双树，佛于树下坐在束腰须弥座上作最后的说法，气定神闲，顶有华盖。两侧站立听法圣众。

147.“涅槃变”之金棺　第 26 窟正披

第 26 窟正披涅槃变中，右侧为殓入金棺并为迦叶现足和商办阇维（火葬、入殓）。与左侧的最后说法间以大树相隔。此为表现殓入金棺并为迦叶现足的场景。众弟子围绕释迦棺具哀泣，棺盖放在一侧。释迦穿白色圆领通肩袈裟，躺在金棺中，画面左侧棺外迦叶穿黑色圆领袈裟，跪地抚摸佛足。画面左下侧和右下侧画密迹金刚哀毁坠地和扑棺情节。

148. 第 141 窟正壁及窟顶　北周

第 141 窟位于西崖上部，平面方形覆斗顶帐式三壁七龛窟，进深 2.80 米、面宽 3.08 米、通高 2.68 米，窟顶正中方形井心内雕刻一大莲花。正壁开一龛，内塑一坐佛，两侧各侍立一身菩萨。两侧壁各开三龛，龛内各塑一佛，与正壁龛内的佛组成七佛。正壁龛为圆拱形，尖拱龛楣，龛楣尾雕成卷云状，龛柱上端雕宝珠。主尊佛结跏趺坐于束腰须弥座上，悬裳衣裾覆垂于座前，衣褶繁复。

149. 坐佛像　第 141 窟右壁　北周

第 141 窟右壁左起第一龛内，高 0.74 米，佛面容沉静，双目轻闭，身着圆领袈裟，双手交叠于腹前。其中袈裟式样受到新风格样式的影响，从前期的宽博、双领下垂变为贴体、圆领，衣纹也有显著的变化，为两道阴刻线间加一道阴刻线。圆润的双手互握置于腹部，饱满的右脚伸出衣裙外，衣裾较短。

150. 坐佛局部　第 141 窟右壁

北周时期的造像风格在文学家庾信的描述中是“如刻浮檀，如水攻玉”，饱满圆润、刻画细致入微是这一时期的主要特点。从这身造像的手、脚、衣纹等细节看，充分表现了这些特点。

152. 菩萨与弟子　麦积山顶舍利塔出土　北周

2009 年出土于麦积山山顶舍利塔塔基，通高 0.93 米，菩萨高 0.79 米，弟子高 0.48 米。菩萨头戴摩尼珠宝冠，发带垂至双肩后自然下搭。肩饰宝缯，戴忍冬宽边项圈，璎珞自腹部穿环顺两腿下垂后上卷回环，右手提玉璧，左手上托供品，跪坐于方形台座上，飘带自两侧自然下垂。菩萨表情温婉恬淡，造像比例匀称，躯体饱满圆润，衣饰刻画流畅自然，装饰繁而不赘。右侧弟子头部缺失，内穿僧祇支，外披袒右袈裟，前胸肋骨可见，双手残，紧挨菩萨跪坐。造像呈圆柱形，袈裟衣纹用阴刻线表示，简洁流畅。跪姿的菩萨与弟子组合是这一时期比较少见的。

153. 菩萨与弟子　麦积山顶舍利塔出土　北周

2009 年出土于麦积山山顶舍利塔塔基，石雕。通高 0.97 米，菩萨高 0.81 米，弟子残高 0.47 米。该铺造像与上图的组合同时出土，菩萨与弟子的位置相反，造型及衣饰基本一致，当属同批制作，但残损较为严重，菩萨双手在胸前合十，菩萨与弟子之间没有隔开缝隙，弟子头部缺失，左手持杯状物品跪坐。

151. 坐佛像　第 141 窟左壁　北周

第 141 窟左壁第一龛内，高 0.68 米，在贴体的袈裟处理方面更为细致，被袈裟包裹的脚形都细致地塑作出来。另外衣纹也采取了双阴刻线和凸起的贴泥条衣纹相结合的方式，这都是在当时复古思想和新的造像风格综合影响下产生的。衣裾比右壁第一龛的更短。

154. 佛与菩萨　第 62 窟　正壁及左右壁后部

第 62 窟位于西崖中下部。平面方形四角攒尖顶帐形窟，三壁三龛三佛窟。窟高 1.84 米、宽 1.70 米、深 1.70 米。造像题材为三佛，每龛外各塑胁侍二菩萨，前壁门两侧各塑一弟子，窟门外左侧残存一力士。其时代一说北周，一说隋代。正壁龛内佛低肉髻，面形方圆，低眉下视，服饰复杂，内衣于胸部结带，袈裟外又披偏衫，衣裾繁复细密，雕刻精致。菩萨高髻宝冠，躯体呈 S 状扭曲，长璎珞，帔帛两道，形体丰满，造型比例准确。

155. 菩萨像　第 62 窟正壁左侧与左壁右侧

正壁左侧菩萨高 1.16 米，头戴高冠，饰以摩尼宝珠。面形珠圆玉润，五官紧凑，下巴短，颈粗而短，戴宽边项圈，发辫分束搭于肩膀。内着僧祇支，袒右胸，左手屈肘向前，右手执桃形法器于腹际，臂饰钏。帔帛在腿部横搭两道后绕臂下垂及地，璎珞为两串下垂，长裙在腰部外翻，跣足呈外八字形而立，腰部微向左扭，体态绰约。左壁右侧菩萨高 1.12 米，束发带冠，上身袒，两手置于腹前，左手持钵，跣足而立，衣饰与正壁左侧菩萨基本一致。两身菩萨形态各异，线条流畅自然，弧线与垂线相结合，使得肌肤的质感与衣饰的轻柔得到了极好的表达，用泥的本色来表达菩萨本身的纯洁和不经修饰的美，更显出了古代工匠们高超的艺术造诣。

156. 佛像　第 62 窟正壁

正壁龛内主尊，高 0.90 米，顶作低平肉髻，发际线平直，面部方圆，下巴短小，低头俯视，表情安详。内着僧祇支，中衣自胸前以带相系，外穿偏袒袈裟。右手施无畏印，半跏趺坐于方形台座上。造像躯体浑圆，袈裟衣纹呈阶梯形压制和阴刻线相结合，粗细结合，层次感强。

157. 坐佛像　第 62 窟左壁

左壁龛内主尊。高 0.87 米，头部特征与正壁主佛相近，发际向下弧。身穿通肩袈裟，双手结禅定印，半跏趺坐，衣摆呈八字分两瓣下垂。阶梯形衣纹左右对称，简洁有力。

158. 坐佛像　第 62 窟右壁

右壁主佛，高 0.89 米，发际线中间向下尖突，低首下视，着圆领通肩袈裟，稀疏的衣纹呈 U 字形下垂。作禅定印，结跏趺坐。肥硕的右脚从衣裙露出，横置于左腿上。

159. 菩萨像　局部　第 62 窟右壁

右壁左侧菩萨，高 1.06 米，梳扇形高发髻，束发带，发辫自肩部下搭，戴宽边项圈，腕饰宽边手镯，帔帛下垂后在腿部横绕两道后绕手臂下垂及地。长裙自腰部外翻，右手屈肘上举贴于胸前，左手下垂腿侧，穿方口圆尖翘头鞋，身躯微向左扭。

160. 弟子像　局部　第 62 窟前壁

前壁两侧各一弟子像，此为右侧弟子像局部。弟子高 0.93 米，面形方圆，满面笑容，内着僧祇支，外披双领下垂袈裟，右手手掌向外置于胸部，五指并拢，手掌心刻出两道横向掌纹。左手贴腹，手背圆润，肌肤塑造细腻富有肌肉质感，形态逼真。

161. 第 3 窟　麦积山东崖

又称千佛廊。长廊式崖阁，大型人字披顶，共 14 间，通高 8.20 米、面阔 36.5 米、进深 2.7 米。廊顶有纵梁 15 个，上置驼峰构件托顶正中之脊檩和两侧之边檩。顶上置圆形仿木椽，每间 6~7 根。前部塌毁，结构不清。原崖面分六层石胎泥塑千佛像，共 297 身。为方便信众，通往散花楼及上、下方便，自第二层以下加栈道，现为上两层下四层。上两层宋代重修，下两层北周原作。佛像高 0.93 米。此为研究北朝长廊建筑的珍贵实例。

163. 佛与菩萨像　第 14 窟正壁　隋代

第 14 窟位于东崖中部，西侧与第 15 窟相邻，两窟均凿于隋代。第 14 窟为平面方形四角攒尖顶帐形窟。窟大部分塌毁。窟高 3.41 米、宽 3.70 米、残深 2.18 米。仅存正壁及左壁的一身力士像。正壁开一圆拱形落地龛，龛高 2.08 米、宽 1.59 米、深 0.63 米。尖拱龛楣残，左边龛楣尾存，为卷云状。龛柱亦毁，仅存左边龛柱莲花柱头，莲花上塑宝珠。龛内方形高台座上塑一结跏趺坐佛，高 1.19 米。低平肉髻，内穿僧祇支，外穿钩钮袈裟。衣纹为写实的凸棱状。二菩萨扭身侍立于龛外两侧，脚踩圆形仰莲。

162. 坐佛像　第 135 窟正壁左侧龛　隋代

第 135 窟原凿于西魏，为三壁三龛窟，隋代在正壁中间龛两侧利用宽阔的壁面加开两龛。此为左侧龛内泥塑主佛。高 1.16 米，磨光低平肉髻，面形圆润，眉间有白毫，五官端正，颈部粗短，双肩浑圆，上身较长，身穿通肩袈裟，双手结禅定印，正襟危坐，衣摆分三瓣下覆座前，衣纹刻画简练有力。隋代不但在麦积山新开了部分洞窟，并对前期洞窟做了大量的重修。

164. 菩萨与力士　第 14 窟正壁左侧和左壁　隋

正壁龛外左侧菩萨高 1.62 米，左臂上举，右臂下垂，腰部微扭，重心靠后，眉目之间流露出淡淡的微笑，体躯健美，右腿向前弯曲，膝盖凸显。飘带从右肩斜垂于左腿小腿处再上提绕臂。脚下的莲花肥大饱满。力士塑于左壁后部，高 1.86 米，上身袒露，头大脖短，两臂残断，颈部静脉曲张，颈戴项链，上身袒裸，丰胸宽肩，肌肤劲健，鼻翼扩张，豹眼怒睁，身体向左侧弯成弓形，突出地表现了人物勇猛威武、咄咄逼人、无所畏惧的气势。造像手法简洁明朗，概括凝练。

165. 佛与弟子像　第 24 窟　隋代

第 24 窟位于东崖中部的西部，平面马蹄形穹隆顶。窟高 2.84 米、宽 2.90 米、深 2.13 米。现存泥塑一佛二菩萨一弟子像及一木雕弟子像木胎。造像简洁流畅，手法写实洗练。主尊佛高 1.63 米，螺髻，眉目疏朗，颈刻三道纹，穿双领下垂袈裟，内穿僧祇支，腰束带。衣纹为写实的凸棱状，衣裾垂敷于座前。弟子高 1.55 米，为一年轻的弟子形象，颈刻两道纹，穿覆搭右肩的僧衣，右手下垂，左臂前伸，左手掌心向上，手指塑泥掉落，露出内部的铁条骨架。腹部微鼓。此窟造像未经赋彩，用泥细腻。

166. 菩萨像　第 55 龛左壁　隋

第 55 龛位于西崖西部下层，平面长方形圆拱顶敞口龛，龛高 2.17 米、宽 2.02 米、深 0.90 米。原龛凿于北周，现存正壁主尊为北周原作。隋代重塑正壁左侧菩萨及左壁菩萨。此为左壁菩萨，高 0.98 米，低平发髻，发际中分。弯眉细目，五官紧凑。上身袒露，戴项圈、手镯。内着僧祇支，下系高腰长筒褶裙，腰带两侧悬挂玉环，环带打结下垂，右手抚胸，左手下垂提玉璧，帔巾自肩绕臂飘下，双足穿云头履，立于半圆形莲台上。带饰等为凸起的泥条，立体感较强。造像笔直站立，身体上下匀称，缺乏动感。

167. 倚坐佛像　第 135 窟　泥塑　隋

原存第 135 窟，后移至库房保存。低肉髻，弯眉阔目，脸颊丰润，双眼下视，嘴角微陷，表情恬静。双手圆润，抚于胸部。内穿僧祇支，外披袈裟，袈裟衣纹稀少，写实性较强。

168. 第 13 窟　摩崖泥塑　一佛二菩萨　东崖中部　隋（宋重修）

位于东崖中部。凿于隋，宋代重修。摩崖石胎泥塑阿弥陀佛胁侍观音大势至菩萨三尊像。

佛高 15.7 米，菩萨高 13 米，为麦积山最大的造像。佛螺纹肉髻，面形丰满，内穿僧祇支，外着垂领式袈裟，善跏趺坐，菩萨头戴三瓣式宝珠花冠。1982 年修复中，从主佛右脸内出土手抄本《金光明经》一卷，又从白毫相中出土有南宋绍兴二十七年（1157 年）墨书题记白瓷碗一件，均具有重要资料价值。

169. 菩萨像局部　第 13 窟摩崖大佛左侧

隋代石胎泥塑，宋代重修。高 12.96 米，头戴莲花宝冠，眉间有白毫相，面容丰满，双目有神，戴忍冬纹宽边项圈，上身袒，帔帛绕膝部后搭手臂下垂，璎珞华美。腕戴镯，左手托举莲花，右手持莲茎于胸前，微微侧身向佛侍立。整个造像伟岸高大，神态闲适。

170. 佛、菩萨　第 37 窟　隋

第 37 窟为隋代代表洞窟。位于东崖下部。平面马蹄形苍隆顶窟，窟高 2.70 米、宽 2.40 米、深 1.65 米。现存泥塑一佛一菩萨像。佛高 2.07 米，方圆脸，宽额，有白毫，高鼻，长眼嵌珠，双耳垂肩，短颈，胸部较饱满，身穿圆领袈裟，善跏趺坐于长方形高座上，座高 0.87 米。双足踩一半圆莲台，手施说法状，衣纹褶襞写实、简洁、流畅，质地轻柔、单薄。造像比例适中，神情刻画庄重慈祥。为隋代造像的优秀作品。

172. 菩萨像　局部　第 37 窟　右胁侍

该菩萨像用泥细腻、光滑，手臂的塑做十分精美。双手抚胸，左手在内，右手轻抚于左手上，手指弯曲，大拇指略翘起，指头轻柔，由粗变细，指尖略翘，质感很强，手背丰满圆润。

171. 菩萨　第 37 窟　泥塑　隋

佛右胁侍菩萨高 1.85 米，头梳高发髻，戴花冠，颈饰宽项圈，秀发分披双肩，脸面丰满圆润，双手前后重叠，轻轻抚在胸前，身挂长璎珞。手臂丰润，文静虔和，端庄秀美。

173. 火头金刚及供养人壁画　第 78 窟出土　隋代

画面残高 50 厘米、宽 58 厘米。人物均以线描定型。火头金刚头及双肩均绘红色火焰纹，上身袒露，戴项圈、手环，肩搭帔帛，下着裙，两手握拳举于肩头，浓眉大眼，留有小须，面部呈愤怒状，气势威猛。熊熊燃烧的红色火焰，与均匀的红底色融为一体，面涂绿色，肌肤袒露突起，略呈块状，概括而又有力。右下方两身弟子，均绘圆形项光，一个仅存上半身，面容丰满俊秀；一个残存头部，多不可辨。右上侧残存供养人上半身的右侧部分，披发戴巾，面相丰硕。左下方残存供养人二身，均手执莲蒂。其中一身头戴莲花冠，五官端庄，眉清目秀，嘴为一点红，并留有小须。另一供养人头戴小冠，残损较重。

174. 伎乐天壁画　第 78 窟出土　隋代

画面残高50厘米、宽58厘米，原为一组伎乐天人，已不完整。画面上方一伎乐天人，面部及右臂损毁。身绿色短袖圆领紧身衫，腰系红色腹围，下着白色大裙，双足裸露，两腿弯曲，白、绿二色巾带向后飘扬，作飞行状。下方一伎乐飞天，顶束高髻，长发披肩，面形方圆秀丽，细眉大眼，高鼻薄唇，有八字小须。上身袒露，戴项圈、臂钏、腕环，绿色巾带飘举。怀抱阮咸作演奏状，手指灵活柔美。伎乐面部及袒露的肌肤部分均施白粉，增加了肌肤的柔和细腻之感。

175. 倚坐弥勒菩萨三尊像　第 5 窟外廊左龛

第 5 窟位于东崖上层，第 4 窟（散花楼）西侧，隋代（公元 581—618 年）始凿，初唐完成。俗称“牛儿堂”，三间四柱式崖阁。现有隋、唐两代泥塑造像 15 身，三龛主尊为三世佛。隋代造像清俊慈祥，初唐造像圆润秀丽。现存壁画约 70 平方米。该龛为窟外廊的左龛，龛为平面马蹄形，圆拱形，尖拱龛楣，有龛柱，柱头塑作莲瓣及宝珠。龛内泥塑倚坐弥勒佛及二胁侍菩萨像。廊外正壁右上方的“西方净土变”及廊顶的奔马图，构图严谨，施色艳丽，为唐代绘画的上乘之作。

176. 佛像　局部　第 5 窟左侧龛内

第 5 窟左侧龛内塑倚坐弥勒佛，唐代泥塑。高 2.05 米，低平肉髻，有肉髻珠，螺发，面形方正，弯眉大耳，眉间有白毫，颈粗而短，压出三道纹。内着僧祇支，腰束带，外穿低领通肩袈裟，右手施无畏印，左手残，倚坐于方形佛座之上。造像躯体结实饱满，神态质朴，富有气势。

177. 佛像　局部　第 5 窟右侧龛内

第 5 窟右侧龛内坐佛，唐代泥塑。高 3 米，头部低平肉髻，有肉髻珠，螺发，表情严肃。内着僧祇支，中衣为双领下垂式，外披袒右袈裟，右手施无畏印，左手抚膝作降魔印，结善跏趺坐于方形台座上。

179. 天马、象、摩尼宝及飞天壁画　第 5 窟廊顶　隋代

绘于第 5 窟廊顶西侧平棋中，画面长 1.40 米、高 0.80 米。画面上下各有三身飞天，或托盘，或回首，周围饰以云朵，绿色飘带向后飞扬。中间最前面绘三个摩尼宝珠，中间绘紫红色天马，四蹄腾空飞奔，后面绘一大象奔跑。由于其他平棋内的壁画不存，连续的情节无法判断。

178. 踏牛天王　第 5 窟　泥塑　唐

第 5 窟中龛门外侧天王，高 3.6 米，因脚下踏一牛，俗称踏牛天王。天王高鼻深目，虬髯，上身着铠甲，下身着战裙，双手紧握，气势威武，身体雄健饱满。天王脚下的牛昂首奋起，眼睛注视前方，鼻翼张开，仰起的颈部及身体充满着极强的力量。此即五代文学家王仁裕《玉堂闲话》中所记的“金蹄银角犊儿”。

180. 供养菩萨壁画　第 5 窟第 3 龛外净土变　唐

第 5 窟第 3 龛外上部绘净土变，其主体是一组以说法佛像为中心。这组净土变相图的构图和图像安排，以西侧龛楣券尖为中轴，以佛为中心左右对称构图。主尊左右侧下方为立于装饰有铺地图案的平台之上的菩萨像，对称面朝主尊。均上身穿绿色交领襦服，下穿曳地长裙，绿色帛带向后拖曳。菩萨面部色彩均氧化变色。

182. 供养人壁画　第 5 窟

绘于第 5 窟第 3 龛外净土变左下方。前面一僧人后面随列着的供养人共 11 组，前引二主妇，双手隐于大袖内，捧持香炉（供养人主妇）、钵，余夹持莲蕾做前行供养状。每组供养人像朝前一侧，遗有清晰的榜题框，字迹无存。供养人行列之下有清楚的界栏线。

181. 供养人壁画　第 5 窟　唐

绘于第 5 窟第 3 龛龛楣之上净土变右侧下方，初唐。共三排，面形清秀，身体修长，清俊秀丽，头束高髻，上着圆领宽袖衫，下着宽博衣裙，双手持莲蒂，向佛恭立。每一供养人身后，有两个侍女随从，其中一侍女提裙。由其高贵华丽的服饰和雅而不俗的气派来看，这些女供养人是一些有权势的贵妇。造型优美，施色浓艳，是初唐时期有代表性的人物画之作。

183. 菩萨像　第 43 窟前室右侧　五代

第 43 窟凿于西魏。是一座佛龛和墓窟相结合的大型单檐庑殿顶崖阁式窟。廊后正中凿一平面马蹄形穹隆顶大龛，龛内现存圆塑三身，为一佛二菩萨组合，为五代至宋作品。右侧菩萨高 1.76 米，头梳圆形高发髻，花冠残存小的圆形花饰。头向右倾斜，面形圆润，五官秀美。上身穿束领衣，外罩半臂衫。双手举于胸前，手指残断。腰间系围腰。菩萨身躯向右扭，右腿略前弓，双足残。

184. 菩萨像　第 43 窟前室左侧　五代

左侧胁侍菩萨高 1.55 米，束发髻，头向右扭。面庞饱满圆润，身着圆领小袖上衣，帛带自左肩至右胯斜披，腰系围腰，下着长裙，躯体呈微微的“S” 形，是五代时期优秀的作品。面部涂白粉，衣裙以石绿色为主。双手残断。

185. 罗睺罗授记

第 133 窟　宋

第 133 窟窟室前部中间为高大的立佛，高 3.1 米。身前立佛装罗睺罗像，高 1.44 米。高大魁伟的释迦牟尼像，令人心生崇敬。其头微微下俯，右手垂下置罗睺罗的头顶上，栩栩如生的手指上流露出如抚摸爱子般的亲切感情，十分动人。为麦积山宋代造像的代表作。

186. 佛、弟子像　第 90 窟正壁　宋

位于西崖中部，为麦积山现存最早开凿的洞窟之一，北周重绘，宋代重塑。平面方形弧形顶窟，壁面与顶相接处为弧形转折，窟高 3.30 米、宽 3.68 米、残深 3.10 米。窟内沿正、左、右三壁凿“凹”形高台基。所有塑像均为宋代重塑。正壁原为一佛二菩萨像，宋代改塑为一佛二弟子像，原作二菩萨的飘带尚存一部分。正壁坐佛高 1.56 米，佛低肉髻，有肉髻珠，椭圆面形，眉间刻白毫相，颈刻两道纹，袒胸，结跏趺坐，右手说法印，左手置于膝上，内穿僧祇支，腹部系带。外着双须下垂式袈裟，衣裾呈弧形垂至座沿。衣纹作大的凸棱或深阴刻线。左侧弟子迦叶高 1.78 米，沉着稳健；右壁的弟子阿难高 1.76 米，潇洒聪颖，反映出宋代造像更趋世俗化。

187. 佛及弟子像　第 90 窟正壁及左壁　宋

正壁坐佛高 1.56 米，左壁坐佛高 1.45 米。佛均坐于方形台座上。正壁坐佛作说法印，左壁坐佛作禅定印。均穿双领下垂袈裟，衣饰厚重，衣纹为写实的凸棱状。

188. 弟子像　第 90 窟正壁左侧　宋

第 90 窟正壁佛左侧塑弟子迦叶像，高 1.78 米，蹙眉，眼睛上挑，抿嘴，神情持重老成，穿交领袈裟，拱手于胸前，手背青筋暴起。

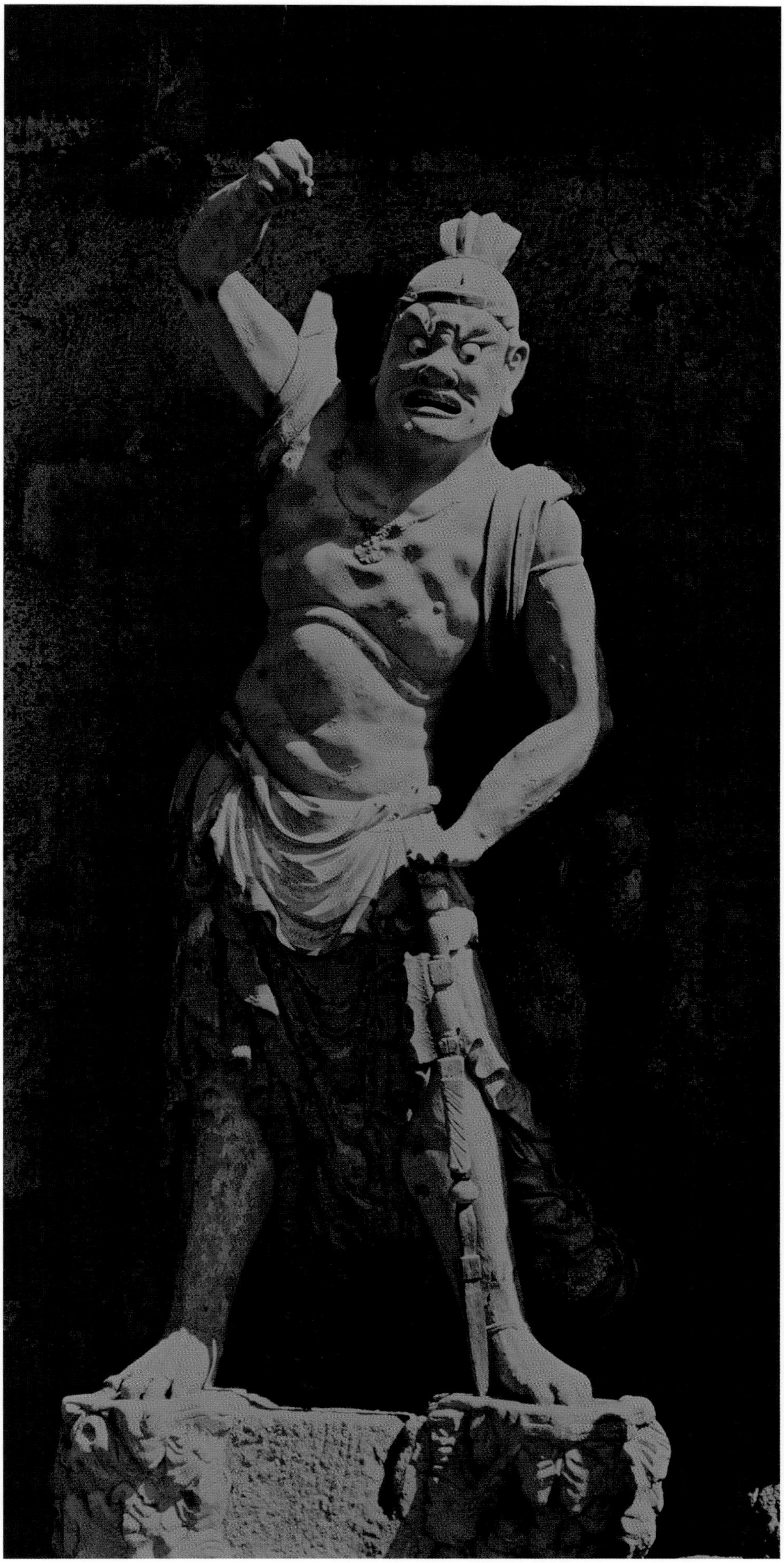

189. 力士像 第 4 窟 泥塑 宋

第 4 窟前廊东西两端，各塑一金刚力士，北宋圆塑作品。两身力士遥相呼应，和谐紧凑，其造型坚实有力，技法既写实又夸张，肌肉起伏变化大，尤其对面部及胸腹肌肉的塑作，十分完美，堪称宋代雕塑中的上乘之作。其中东侧力士，通高 4 米，顶束扇形高髻，上身袒露，腰系战裙，赤脚站在石基上。蹙眉怒目，张口作呵斥状，神态勇猛威武。

190. 金刚力士像　第 4 窟廊西端　宋代

第 4 窟外廊两端泥塑高大的金刚力士像。此为西端力士像，高 4 米，立于方形台座之上。肌肤均涂以赭红色。上身肌肉块状突起，左臂斜上举，右臂横于下方。造像在写实的基础上进行了合理的夸张，成功地塑造了孔武有力、气势威严的金刚形象。

191. 佛、弟子、菩萨像　第 4 窟第 6 龛　宋代

第 4 窟廊正面凿 7 个大小、形制相同的大龛，此为第 6 龛，平面方形，四角攒尖顶佛帐式。四壁上部贴三层影塑佛像，为北周原作。龛高 5.42 米、宽 4.15 米、深 4.33 米。龛内造像为一佛二弟子六菩萨，现全部为宋代重塑，明代对塑像的表面采用沥粉堆金技术彩绘，并重绘了造像的背光和项光、顶部。

192. 菩萨像　第 4 窟第 5 龛右壁　宋代

菩萨高 2.96 米，均束高发髻，面庞圆润，颈戴贴塑的项圈，项圈上饰花饰。上身有帛带，其缠绕方式和北朝时期有很大的不同；下着长裙，跣足立于莲台之上。莲台为北周原作。

193. 菩萨像　第 4 窟第 5 龛左壁　宋代

菩萨头束高发髻，戴化佛冠（右侧菩萨残），颈下有华丽的佩饰。上身或斜披内衣，或袒上身，下着长裙，跣足立于莲台之上。身躯臃肿，裙子紧裹躯体，双脚肥大。脚踩莲台为北周石雕原作。

194. 第 4 窟第 5 龛菩萨（局部） 宋代

第 5 龛宋代重塑造像，为一佛八菩萨像，正壁佛左右侧各一身，两侧壁各三身。此为正壁右侧菩萨，菩萨束高髻，头顶观音巾，略颔首下视，额有白毫相，弯眉，双眼上挑，悬胆鼻，嘴唇紧抿。颈下有华丽的佩饰，服饰上有龙、凤等沥粉堆金图案。肌肤涂以白粉，造像装饰华丽，但缺少生气。

195. 力士像　第 43 窟　泥塑　宋

窟内现存一佛二供养菩萨、二力士，均为五代。于前廊东侧力士，高 2.54 米，头戴小花冠，双目圆睁，鼻孔大张，双唇紧闭，上身袒露，双带于腹前坐后下垂，左手拿金刚杵，腕戴环，脚戴镯，赤脚而立，浑身肌肉突起，身躯扭动，给人一种刚健威猛、无所畏惧的气势。

196. 菩萨像　第 165 窟正壁及左壁　泥塑　宋代

第 165 窟为北魏早期洞窟，宋代重塑窟内塑像，重塑后的塑像五身，主要造像为正壁及左右壁的三观音像及正壁两侧的女供养人像。此为正壁及左壁。正壁菩萨高 2.10 米，利用原造像交脚弥勒菩萨的高束帛座和背光而塑造。高发髻，发纹整齐。方圆脸，弯月眉，细长眼，额有白毫，悬胆鼻，小嘴四瓣，短颈刻三道纹，肩胛圆润，丰胸袒露，内着僧祇支，腹下系带。外披袈裟，裙裾裹腿折叠自然有序，结跏趺坐于高台座上，双手施说法状，上身挺直，双目下视，衣纹简练写实，质感轻柔贴体。

197. 菩萨像　第 165 窟左壁　宋

菩萨利用原开窟时胁侍菩萨像的背光而塑造，高 2.46 米，戴观音巾，鹅蛋形脸，弯眉，眼睛上翘，小鼻，四瓣嘴，穿双零下垂袈裟，双手相交平托于腹部，衣纹写实简练，身体笔直站立，雍容大度。身后的背光上有原作的壁画飞天及原胁侍菩萨的飘带端部。

198. 菩萨像　第 165 窟右壁　宋

菩萨高 2.40 米，利用原作造像的背光而塑做。双手残，神情、姿态与右壁的观音菩萨相似。背光上残存原作菩萨的飘带端部。该窟的三身菩萨像均未施彩，塑泥质地细腻，质感很强。

199. 供养人　第 165 窟正壁右侧　宋

正壁观音两侧各胁侍一站立女供养人。此为右侧一身,高 2.10 米，梳髻戴冠，发纹规整清晰，鹅蛋形脸，斜眉上挑，胆鼻小口，上身穿右衽束腰衣，下穿覆脚长裙，衣纹稀疏，写实性极强。左手握于胸前，右手残断。造像神态自然，表现了一位宋代世俗妇女的形象，为宋代造像的佳作。

200. 供养人　第 165 窟正壁左侧　宋

正壁主尊左侧供养人高 2.10 米，束发髻，丹凤眼，悬胆鼻，小嘴，面庞圆润。身着交领广袖衫，内着长裙。右手于肩前作握拳状，左手自然下垂（已残损）。造像风格已经完全世俗化。

201. 第 191 窟全景　西魏（宋重修）

位于西崖下部西端，面宽 5.60 米、通高 4.57 米。采用了圆雕、高浮雕、悬塑等多种艺术手法，将佛、弟子、菩萨、狮子等组合在一起，显示出非凡的匠心与技巧。中间圆拱龛内塑倚坐的弥勒佛像，龛内佛两侧各一弟子（左侧不存），龛外两侧各高浮雕塑一交脚菩萨，菩萨脚踩下方莲花伸出的莲蓬上。龛下塑化生金刚。

202. 化生金刚　第 191 窟

金刚从莲花中生出，鬈发，弓眉，双目怒睁突出，阔鼻大口，唇上及颌下均有卷曲的胡须，上身袒露，腹部圆鼓，显示出彪悍的躯体。两臂向外平伸，飘带缠绕。此种造型在麦积山石窟仅此一例。

203. 佛　第 35 窟　泥塑　元

第 35 窟为方形四角攒尖顶窟，窟内正壁现存元代重塑坐佛一尊，通高 0.44 米，面形圆而短，螺髻，颈短，阔肩，细腰，身着偏袒右肩袈裟，双手无存，结跏趺坐于仰覆莲座上，下为宽大的束腰亚字形基座。正壁佛背光上部宝相花中有浮塑兽头，属于藏传佛教密宗造像风格。此尊造像为麦积山石窟为数不多的元代作品之一。

204. 涅槃佛　第 1 窟　泥塑　明

第 1 窟开凿于北朝晚期，明代重修，平面横长方形窟。内有释迦牟尼涅槃像、十大弟子及一供养人造像，俗称卧佛洞，是麦积山石窟唯一的涅槃窟。窟内主佛释迦牟尼头西脚东安详地侧卧于榻上，佛像横长 6.03 米、高 1 米。头枕长方形枕头，右手屈肘衬垫于枕上，左手随身而置。主佛螺髻，前额有肉髻珠，面容丰满，双目微闭，身着偏袒右肩袈裟，腰系长裙，袒胸，赤足而卧。整尊造像安详自若，呈现出一种进入涅槃境界的安详神情。

205. 诗碑　第 168 窟外崖壁　明代

刊于东崖东端第 168 窟附近的崖面上，碑宽 1.10 米、高 0.51 米。为明万历七年（1579 年）题刻的“宿麦积禅林”诗两首，碑文草书十四行，满行七字，字迹刻画清晰，笔势酣畅流利。内容为：“风尘伤远道，夜半礼诸天。兰如青云里，瑶华碧落前。堵藜能作法，贝叶喜忘筌。了悟无生术，心知物外禅。又口号：贫妇艰难炊，良人苦远征。山茏如许麦，止供往来情。万历己卯 四山君赏。”

206.“慧光普照”匾额　第 4 窟第 3 龛　清代

清代木匾，悬挂于第 4 窟第 3 龛龛楣下。横长方形，长 1.75 米、高 0.73 米。外加斗口形花边外框。匾正中横向刻“慧光普照”四个大字，双钩阴刻，行楷，黑色。为佛教称颂用语，出自在《无量寿经》:“慧光明净，超逾日月。”字体为清代流行的“馆阁体”，书写严谨端庄。

207.“是无等等”匾额　第 4 窟第 4 龛　清代

清代木匾，悬挂于第 4 窟第 4 龛龛楣之下。外加斗口形花边外框，长 1.97 米、高 1.05 米。字及边饰为木板镂空，以木钉固定。康熙十四年（1675 年）王了望所书，行书，墨色。出自《摩诃般若波罗蜜多心经》，意即佛道超绝，无与等者。王了望（1604—1685），明末清初巩昌府陇西人，能诗文，善书法，以草书见长。

图书在版编目（CIP）数据

麦积山 / 花平宁，魏文斌主编. —南京：江苏凤凰美术出版社，2013.6（2023.11重印）
ISBN 978-7-5344-6118-7

Ⅰ.①麦… Ⅱ.①花… ②魏… Ⅲ.①麦积山石窟—摄影集 Ⅳ.①K879.242

中国版本图书馆CIP数据核字（2013）第138698号

选题策划 毛晓剑
责任编辑 毛晓剑
郭 渊
审 读 束有春
装帧设计 毛晓剑
郭 渊
责任校对 刁海裕
责任监印 生 媛
责任设计编辑 王 超

书 名 麦积山
主 编 花平宁 魏文斌
出版发行 江苏凤凰美术出版社（南京市湖南路1号 邮编：210009）
制 版 南京新华丰制版有限公司
印 刷 南京爱德印刷有限公司
开 本 889mm×1194mm 1/16
印 张 13
版 次 2013年6月第1版 2023年11月第9次印刷
标准书号 ISBN 978-7-5344-6118-7
定 价 320.00元

营销部电话 025-68155675 营销部地址 南京市湖南路1号
江苏凤凰美术出版社图书凡印装错误可向承印厂调换